구하지 않는
삶의
　　　　즐거움

구하지 않는
삶의
즐거움

행복, 그 비밀을 찾는 여정에서 만난 108잠언

목종 지음

담앤북스

서문

2004년 7월경 하안거 중 자의 반, 타의 반으로 도심 포교를 시작했다. 평소 전법에는 관심이 없고 수행에만 전념하던 때여서 신도를 어떻게 모을지, 법회를 어떻게 할지, 어떤 내용으로 법문을 채울지 등 모두가 낯설고 어렵기만 했다. 그즈음 지금의 담앤북스의 대표인 오세룡 석담 거사님을 우연히 알게 됐다. 나의 어려움을 이야기하고 도움을 구하자 월간 회보를 만들어 보라는 조언을 해 주었다. 그때부터 '이달의 법문'을 꼬박꼬박 싣기 시작했고, 이 글쓰기는 오늘날의 대광명사를 만들어 가는 데 있어 큰 디딤돌이 되어 주었다. 그 법문을 모아 단행본으로 편집한 것이 『구하지 않는 삶의 즐거움』이다.

책에는 아름답고 감성적인 은어와 비유보다는 투박하고 직설적인 표현이 주를 이루고 있다. 하지만 읽다 보면 지난 십수 년간의 전법 과정에서 경험한 진리의 모습이 들어 있음을 알게 되리라 생각한다. 이 책을 읽고 부처님 진리의 전법에 조금이나마 도움이 된다면 그것으로 매우 큰 공덕이요, 환희이리라. 모든 인연께 깊이 감사드린다. 늦은 밤 도심의 불빛에 가을의 끝자락이 걸려 있다.

목종 합장

목차

하나 · 비추다

1 참나

2 서원

3 참된 진리

4 진리와 행복

5 주인공

6 고통의 원인

7 깨달음

8 지옥

9 중생과 부처

10 내 마음의 거울

11 지혜

12 내가 원하는 대로

13 씨앗과 열매

14 입으로 짓는 업

15 사슬을 잘라냄

둘
· 정진하다

16 비수를 연꽃으로

17 욕망의 항아리

18 조연의 삶

19 부처님의 자비심

20 관람자, 배우, 감독, 작가

21 부처님의 모습

22 창조주

23 아이들에게

24 쾌락

25 미망과 싸우다

26 누구를 지지하십니까

27 가피

28 인연

29 정과 사

30 무엇을 얻었는가

셋
·
나
누
다

31 출발

32 종교

33 현명한 생각

34 불신의 마

35 안거

36 복덕

37 심은 대로

38 화

39 방생

40 복을 받으려면

41 행복

42 나눔

43 행복을 향하여 함께

44 이제는 눈을 뜰 때

45 보살행

넷.
비우다

46 미루지 말라

47 복이 많은 사람

48 기복 신앙

49 선행과 행복의 관계

50 기쁨의 등불

51 계율을 받다

52 부처님과 비둘기

53 당신의 의무

54 액운과 장애

55 무엇과 맞바꾸려는가

56 그 귀한 것을

57 꽃

58 기도

59 나를 비우고서

60 이미 많다

다섯 · 맺다

61 사랑받길 원한다면

62 인과

63 운명

64 연등

65 불보살의 화신

66 사랑

67 수행의 모습

68 백중기도를 올릴 때

69 수행자

70 바른 행복을 얻다

71 열매

72 알아차리다

73 가을

74 생사와 재의식

75 결실

여섯 · 버리다

76 노예

77 텅 빈 거울

78 이 순간

79 어려울수록

80 반야

81 행복의 종류

82 『반야심경』의 가르침

83 원력

84 발원의 길

85 공덕의 길

86 새해

87 본래 마음

88 무상

89 버림

90 구할 필요가 없는 삶

일곱 · 돌아가다

91 육신

92 부귀영화

93 회향

94 유산

95 쓸모

96 죽음

97 윤회

98 무엇을 남길까

99 가치

100 부처님오신날의 의미

101 시간

102 과거

103 지금

104 이미 가지고 있다

105 청춘

106 늘 새롭다

107 자연처럼

108 하나로 돌아가다

하나.
비추다

본래 행복은 나에게 있던 것입니다.

1
참나

본래 우리의 마음은 있는 그대로를 비춥니다. 참나에는 어떤 색깔도 있지 않습니다. 우리가 행복이라고 하는 색깔, 미움이라고 하는 색깔, 사랑이라고 하는 색깔은 내 마음에 그런 색깔의 필름을 붙이고 세상을 비추어 본 결과입니다.

그런데 그 색깔의 필름 밑바탕은 밝은 모습입니다. 그 밝은 모습 그대로 비추려고 노력하면 서서히 있는 그대로를 비추게 됩니다. 존재하는 모든 것이 실체가 없는, 내가 비춘 그림자임을 알게 됩니다. 그 참나의 모습(진여자성)으로 보면 온 세상을 진리의 모습으로 비추게 되는 겁니다.

2
서원

서원誓願이란 원願을 발發하여 그것을 이루고자 굳게 맹세하는 것을 말합니다. 깊은 산속 작은 샘물이 계곡을 지나 들판을 지나 도심을 거쳐 강으로 합쳐져서 결국 바다에 이르듯이 변치 않고 끊임없이 서원 성취를 위해 헌신해야 합니다. 수행에 있어서 서원은 아무리 강조해도 지나치지 않습니다. 서원은 수행에 있어서 처음이요, 끝인 것입니다. 우리의 스승인 의상 대사께서 "초발심시변정각初發心時便正覺"이라고 말씀하셨습니다. 처음 발심한 서원이 정각을 이룬다고요. 깊이 새겨야 하겠습니다.

3
참된 진리

진리란 바른 행복을 얻는 방법입니다. 만약 여러분에게 더 젊어지고 건강해지는 방법, 돈을 더 많이 벌고 사업이 번창하는 방법을 알려 준다면 그것은 참된 진리가 아닙니다. 그것을 목적으로 한다면 진리가 아니라 여러분을 고통으로 이끄는 마장입니다.

4
진리와 행복

여러분은 부처님의 진리를 왜 배우려고 합니까? 행복을 위해서입니다. 지구상에 존재하는 어떤 방법보다도 더 쉽고 빠르고 안전하게 행복을 구할 수 있는 방법이 바로 부처님의 가르침입니다. 팔만 사천의 가르침이 지금 이 순간에 나라고 여기는 그 나의 주인공을 찾는 방법입니다.

5
주인공

지금 여러분이 보고 듣고 알고 행하는 모든 것이 주인공의 참나에 비친 허상들의 모습입니다.
지금 이 순간 내가 고통스럽다면 고통스럽다고 아는 나의 주인을 찾으면 됩니다. 그러면 고통이 나에게 진리를 가르쳐 주는 부처님의 귀중한 법이 됩니다. 욕심을 내는 주인공이 누군지 알면 그 욕심이 바로 진리입니다. 자비심을 일으켰습니다. 그러면 그 자비심을 일으킨 주인공이 도대체 누군지, 이 자비심을 내가 어떻게 아는지 찾으면 그것이 바로 『화엄경』과 『법화경』, 『금강경』보다 더 사실적이고 실제적이며 확실한 진리입니다.
부처님의 진리의 핵심은 그렇게 내가 바라고 원하는 것들이 실재하지 않으니, 즉 가치가 없으니 그것을 버리고 참으로 가치 있는 그 주인공을 찾으라는 겁니다.

6
고통의 원인

살면서 우리는 끊임없이 무언가를 구하려고 합니다. 이것이 갈애입니다. 깨달음을 얻지 않으면 이 갈애에서 벗어날 수 없습니다. 지금 여러분이 얻으려고 하는 모든 행복을 얻는다 하더라도, 바라는 것들의 열 배, 천 배를 얻는다 하더라도 그 갈애를 멈출 수 없습니다.

갈애의 원인은 '내가 있다.'고 여기기 때문입니다. 또 이 몸을 나라고 여기기 때문입니다. 그리고 눈으로 보고 알고 듣는 대상들, 저 눈 앞과 밖에 있는 물건들이 실재한다고 여기기 때문입니다. 그러면, 내가 있고 대상이 있으면 왜 구하려고 들까요? 구하는 것을 얻으면 행복할 거라고 여기기 때문입니다. 우리가 구하는 행복은 안이비설신의眼耳鼻舌身意라는 감각을 통해서 색성향미촉법色聲香味觸法을 구합니다. 즉 눈으로는 더 좋은 색깔, 더 좋은 모양을 구하고 귀로는 더 좋은 소리를 구합니다. 그리고 코로는 더 좋은 냄새를 구하죠. 입으로는 더 좋은 맛을 구합니다. 피부로는 더 편안하고 안락한 느낌을 구하고 대상을 구합니다.

그래서 이 갈애를 멈추려면 저 대상들이 행복이 아니라 오히려 나에게 고통을 주는 근원임을 알아야 합니다. 열심히 일하는 것과 땀 흘려서 구하려는 것, 그 자체가 즐거움이 아닌 고통입니다. 본인이 원하지 않는 행위를 누군가가 억지로 시켜서 하게 되면 고통스럽다고 여깁니다. 그러나 나의 욕망과 집착에 따라 행하는 행위는 나도 모르게 즐겁다고 여깁니다. 지금 우리가 원하는 대상을 구하고 그 대상을 통해서 감각을 구하고 감각의 느낌을 통해서 행복을 얻으려는 행위들은 끊임없이 고통을 만들 뿐 행복을 만들지 못합니다. 이것이 부처님이 말

쏨하신 고성제苦聖諦입니다. 이 고성제를 모르면 자신도 모르게 끊임없이 고통의 대상들을 구하게 됩니다. 그래서 제일 먼저 고성제를 알아야 합니다.
그다음에 행복이란 과연 어디에서 어떻게 느껴지는지 그 원인이나 과정을 성찰해야 합니다. 똑같은 대상, 똑같은 느낌을 똑같이 느낀다 하더라도 처음 느꼈을 때와 두 번째, 세 번째 느꼈을 때의 행복의 강도가 다릅니다. 왜 그럴까요? 만약에 바른 행복이라면 내가 처음 느끼든 열 번째로 느끼든 행복의 느낌이 같아야 합니다. 그런데 오히려 행복의 느낌이 줄어듭니다. 경험해 봤더니 원하는 만큼 행복이 없었던 겁니다. 그래서 또 다른 대상으로 집착이 옮겨 갑니다.
행복은 대상에 있지 않습니다. 대상이 주는 느낌에도 있지 않습니다. 그 느낌을 느끼고 아는 내가 행복이라고 여기면 행복이고, 불행이라고 여기면 불행이고, 즐거움이라고 여기면 즐거움이며, 고통이라고 여기면 고통인 겁니다. 본래 행복은 대상에 있지 않고 감각에 있지 않고 나에게 있던 것입니다. 그 이치를 안다면 어떨까요? 행복이 거기 없다는 걸 안다면 거기에서 구할 필요가 없겠죠. 이것이 두 번째로 할 일입니다.

우리는 대상에 집착했기 때문에 그 대상을 얻으면 행복할 거라 여겼습니다. 이는 집착으로 인해 오히려 고통을 만드는 일입니다. 구하고자 노력하는 일도 고통이고, 구하고 나서는 잠깐 행복인 듯하지만 또다시 구하게 되니 고통입니다. 그 마음의 기억으로 인해 우리는 다음에 또 괴로워할 겁니다. 그러고는 어느 순간 늙고 병들다 죽음에 다가가게 되죠. 그러니 고통의 연속입니다.

그럼 집착은 왜 할까요? 여러분이 존재한다고 여기기 때문입니다. 내가 있다고 여겨서 '내 몸이 있다, 이것이 나다.' 그리고 '저 밖에 있는 대상들은 실제로 존재한다.'라고 여기기 때문에 집착하는 겁니다. 여러분은 당연하다는 듯 '내가 있다.'라고 생각합니다. 그런데 그 나를 가만히 보십시오. 여러분은 육신이 나라고 철저하게 믿고 있죠. 그러나 조금만 성찰해 보면 육신이 내가 아님을 알 수 있습니다. 육신이 내가 아님은 태어나고 자라서 늙고 병들어 가는 과정 중에 이미 알고 있습니다. 그러면 육신의 주인인 마음이 나일까요? 마음도 내가 아닙니다. 감각을 통해서 들어온 정보를 마음에 저장해 놓고 그것을 나로 동일시하는 겁니다. 그것이 나라 여기고 내 마음, 내 경험, 내 경력, 내 이력, 내 노하우라고 이름 붙이며 살아가죠. 들어오는 느낌을 내 느낌이라고 생각합니다. 하지만 그것은 내가 아닙니다. 그 경험이 없을 때도 나였고 그 경험을 하지 못했어도 나일 뿐입니다. 그러니 경험을 빼고 나서도 '나'가 남습니다. 그게 진짜 나인 겁니다. 이게 나라는 것을 알고 있고 이 모든 것을 보고 그대로 아는 그 주체가 여러분입니다.

매 순간 모든 것을 아는 그 주체, 그것이 참다운 나입니다. 그 눈으로 보면 내가 따로 존재하지 않습니다. 이것이 깨달음이요, 고통에서 완전히 벗어나는 지름길입니다.

7
깨달음

깨달음이란 가장 완전한 행복입니다. 행복을 구한다고 하면 구하는 내가 있고, 행복을 주는 대상이 존재하고, 행복이라는 느낌이 있어야 하는데, 그렇게 하는 한 우리는 가장 싫어하고 고통이라고 여기는 죽음으로부터 벗어날 수 없습니다. 그것은 완전한 행복이 아니죠. 완전한 행복을 구하려면 어떻게 해야 할까요? 바로 깨달음을 얻으면 됩니다. 깨달음의 상태는 선도, 악도, 나도, 너도, 중생도, 부처도, 윤회도, 열반도 실재하지 않는다는 것을 아는 겁니다.

8
지옥

내가 남에게 고통을 주길 좋아하면 어떻게 될까요? 고통의 색깔이 칠해지기 시작합니다. 그래서 언젠가는 내가 보고 듣고 느끼는 모든 대상이 나에게 고통을 주게 되죠. 그런 곳이 바로 지옥입니다.

9
중생과 부처

중생에게는 역할이 한정되어 있습니다. '이것이 나'라고 여기기 때문에 그 역할밖에 하지 못합니다. 자신이 불보살의 화신化身인 줄 모르고, 나라고 여기는 역할에 집착을 하니 그 역할만 주어지는 겁니다. 부처는 어떨까요? '이것이 내가 만든 역할'임을 알기만 하면 부처는 만능입니다. 언제 어느 곳에서나, 누구에게나 필요한 역할이 되어 줄 수 있습니다. 우리는 그것을 불보살님의 육도만행六度滿行이라고 합니다. 우리가 아는 석가모니 부처님의 화신은 이러한 분입니다.

10
내 마음의 거울

우리 마음은 거울과 같아서 신身·구口·의意를 통해 자신이 행한 기억(업식)을 그대로 비춥니다. 예를 들면 화가가 빨간색 물감으로 그림을 그리면 그 사람이 자동차를 그리든, 신록의 나무를 그리든, 바다를 그리든 모든 게 빨간색으로 나타납니다. 만약 여러분이 만나는 모든 사람이 혹은 모든 대상이 나에게 행복을 주기를 바란다면 지금부터라도 내 마음의 거울이 행복을 비추는 거울이 되어야 합니다.

11
지혜

지혜가 적은 중생들은 선행을 통해 욕망과 집착을 버리고 행복을 찾아가지만, 지혜가 있는 중생들은 본래 행복과 불행은 집착에서 비롯됨을 알아 욕망과 집착 자체를 버려 행복을 찾아갑니다. 그러나 지혜가 뛰어난 중생들은 욕망도 집착도 선행도 고통도 즐거움도 불행과 행복도 실재하지 않는 내 마음에 비친 환영幻影임을 압니다. 그래서 어느 것도 버리거나 구하지 않고 오직 이 모든 것을 항상 비추어 아는 주인공을 깨달아 완전한 행복인 열반을 얻게 됩니다.

12
내가 원하는 대로

남을 돕거나 봉사하는 일이라고 하면 대부분 싫어하지요. 가난한 이웃이나 어려운 북한 동포나 생명 나눔 실천을 위해서, 힘든 누군가를 위해서 도움을 달라고 하면 대개는 눈을 감고 지나갑니다. 하지만 자신에게 물질적인 이익이 된다 하면 기를 쓰고 그곳에 갑니다. 절에 온 것은 나를 변화시키려고 온 것 아닙니까? 그런데 왜 절에까지 와서, 부처님의 진리를 배우는 이 장소에까지 와서 내가 원하는 대로, 내 업식대로 되기를 바랍니까? 그러면서 어떻게 내가 변하기를 바라겠습니까?

13
씨앗과 열매

우리가 마음 밭에서 골라낼 것이 있습니다. 바로 탐진치 삼독입니다.

탐貪은 탐내는 마음입니다. 욕망이죠. 부처님 가르침은 욕망을 버려야 한다는 것인데 대부분의 사람들은 원하는 마음이 자신에게 행복을 가져다준다고 생각합니다. 그 원하는 마음이 행복으로부터 나를 멀리멀리 보내서 고통을 주는 것이 아니라 나에게 행복을 준다고 착각하고 있습니다.

원함! 이 원함이 지나쳐서 탐심이 됩니다. 탐심은 결국에는 그것을 성취하려고 하는 끝없는 욕망으로 인해 나를 고통의 구렁텅이로 몰아넣습니다.

진심瞋心은 화내는 마음입니다. 내가 원하는 것을 잃어버렸을 때, 내가 원하는 상태에서 벗어났을 때 우리는 화를 냅니다. 내가 그것에 집착하지 않고 그것을 원하지 않았다면 화를 내지 않겠지요.

"저 보살이 나에게 욕을 해서 내가 화가 났는데 나는 저 보살에게 원하는 것이 하나도 없었거든요." 하고 말하는 경우가 있습니다. 그런데 사실 원하는 것이 있었죠. 무엇일까요? 바로 여러분의 아상我相입니다. 흔히 자존심이라고 하죠. 그 자존심을 원했기 때문에 상대방으로부터 욕을 들으니 화가 나는 겁니다. 진심이란 내가 원하는 것을 얻지 못하고, 내가 원하는 것으로부터 벗어났을 때 일어나는 감정입니다.

치痴, 어리석음이란 뭘까요? 내가 원하는 목표를 제대로, 바르게 성취하지 못했을 때 어리석다고 합니다. 지금 우리의 모습은 어떤가요? 입으로는 부처가 되기를 원하면서 실제로는 욕망과 탐심의 씨앗을 뿌립니다. 아만과 집착의 씨앗을 뿌립니다.

그 열매가 중생입니다. 바로 고통입니다. 지금부터

노력해서 부처의 종자를 심어야 합니다. 부처의 종자가 바로 보리심입니다. 너와 나, 우리 모두가 완전하고 영원한 행복의 세계, 즉 깨달음의 세계에 가기를 발원하는 그 마음의 종자를 심어야 합니다.

14
입으로 짓는 업

불교에서는 신·구·의를 삼업三業이라 부릅니다. 자신이 생각하는 것, 생각을 외부로 표현하는 것, 생각을 행위로 옮기는 것, 이것을 업業이라 하는 것입니다.

그 가운데 현저히 커다란 열 가지 악한 업을 십악업十惡業이라 하는데, 신업身業 세 가지에는 살아 있는 생명을 죽이는 것, 도둑질, 삿된 음행이 있고, 구업口業 네 가지에는 허황된 말, 이간질하는 말, 악하고 독한 말, 속임수(자신의 생각과 다른 말)가 있으며, 의업意業 세 가지에는 탐내고 욕심을 내는 것, 분노하는 것, 어리석음이 있습니다. 이 가운데 입으로 짓는 업이 네 가지나 되어 삼업 중에서 가장 많습니다.

그래서 옛 선사들은 "입은 만 가지 화禍의 근원이 되니 신중하게 말하고 침묵하라."라고 가르치는 것입니다.

15
사슬을 잘라냄

이제는 시작해야 합니다. 이 윤회의 굴레를 벗기 위한 노력을 말입니다. 그 원흉은 삼독심입니다. '너 때문에', '환경 때문에' 등 주변의 그 어떤 대상도 근본 원인이 아닙니다.

우리를 고통의 세계로 내모는 그 튼튼한 삼독심의 사슬을 잘라 냅시다. 조금씩 자르다 보면 언젠가는 고통의 세계에서 벗어나 영원한 행복의 세계로 갈 수 있을 것입니다. 삼독심의 사슬을 자르는 가장 좋은 방법은 가치관을 바꾸는 것입니다. 나보다 남을 배려하고, 우리보다는 모든 생명체에게 기쁨을 주기 위해 노력하고, 얻으려 하기보다 주려고 하고, 기쁨과 고통을 함께 나누고 무한한 자비심으로 살아 있는 모든 생명체를 사랑합시다.

만약 여러분이 만나는
모든 사람이
혹은 모든 대상이
나에게 행복을 주기를 바란다면
지금부터라도 내 마음의 거울이
행복을 비추는 거울이 되어야 합니다.

둘.
정진하다

당신이 주인공입니다.
여러분 삶의 주인공은
바로 여러분입니다.

16
비수를 연꽃으로

"진실하지 않은 말은 되돌아와 자기 자신을 찌르는 날카로운 칼과 같다."고 하지 않던가요? 이 날카로운 비수를 연꽃으로 바꾸어 봅시다. 누구에게나 기쁨과 축복의 물결을 전달해 주는 그 아름다운 향기로 나 자신과 주변, 온 우주를 가득 채워 봅시다. 그것을 부처님은 "삼업三業을 삼밀三密로 승화시키는 것"이라 말씀하셨습니다.

17
욕망의 항아리

여러분은 행복을 얻기 위해 무엇인가를 '내 것'이라고 하는 욕망의 항아리에 끊임없이 채웁니다. 그 항아리가 가득 차면 행복할 것이라는 기대를 갖고 말입니다.

그러나 그 항아리는 블랙홀과 같아서 채워도 채워도 언제나 조금 모자랍니다. '딱 한 번만 더 채우면 가득 찰 것 같은데!' 그 기대감에 수백 억겁을 고통의 바다에서 윤회합니다. 반면 부처님이 말씀하신 행복은 '내 것'이라는 욕망의 항아리를 비워 나가는 것입니다. 비우면 비운 만큼 행복이 차오르죠. 오늘이 바로 이제까지 걸어가던 윤회, 고통의 길을 버리고 방향을 바꾸어 진리, 기쁨의 문으로 들어가는 그 날입니다.

18

조연의 삶

우리가 행하는 모든 일은 바로 주인공인 '나'를 위해서입니다. 그런데 중생들은 '나'가 아니라 '나'의 행복을 위해 살아갑니다. 행복이란 주인공 '나'가 느끼는 즐겁고 편안한 느낌입니다. 그 안락한 느낌을 느끼기 위해 그 느낌을 주는 대상을 구하고, 대상을 구하기 위해 돈에 집착하고 돈을 얻기 위해 권력이나 재물, 지식 혹은 명예 등에 집착합니다.

사실 대부분의 중생이 삶에서 조연으로 살아갑니다. 조연의 삶이란 자신보다 더 중요한 것이 있다고 생각하고 살아가는 삶을 말합니다. 예를 들어, 여러분에게 좋은 가방과 좋은 차가 있다고 생각해 보십시오. 아무 데서나 함부로 사용하지 않을 것입니다. 이렇게 가방과 차에 신경 쓰는 순간, 그 가방과 차가 주인공입니다. 우리는 좋은 꿈, 좋은 액세서리, 값비싼 보석 등의 조연이 되고 돈의 조연, 권력이나 재물의 조연이 되기도 합니다. 또한 즐거운 느낌을 얻기 위해 필요한 감각기관과 감각기관을 유지하는 육신의 조연으로 평생을 살아가죠. 주인공인 '나'가 자신에게 필요하다고 여기는 조건이나 대상 혹은 그것을 구할 수 있다고 여기는 또 다른 조건의 조연이 되는 셈입니다. 왜 그럴까요?

바로 주인공인 '나'를 잘 모르기 때문입니다. 우리가 구하는 모든 것은 '나'의 것입니다. 구하는 대상, 조건, 즐거움, 행복, 지식, 지혜, 몸도 건강도 말이죠. 그러나 정작 주인공인 '나'는 그 무엇도 필요로 하지 않습니다. 구하는 대상이 없어도 '나'요, 있어도 '나'입니다. 즐거워도 '나', 괴로워도 '나', 행복하거나 불행하거나, 지식이 많거나 적거나, 몸이 건강하거나 병약하거나 그저 '나'입니다. 이 '나'를 지키거나 얻기 위해 그 무엇도 필요하지 않습니다. 또한 우리가 '나'를 희생해서 얻고자 하는 그 무엇도 '나'가 없으면 전혀 쓸모가 없습니다.

당신이 주인공입니다. 여러분 삶의 주인공은 바로 여러분입니다. 언제 어디서나 항상 주인공인 '나'를 찾고 일깨우는 삶이 주인공의 삶입니다. 부처님의 가르침을 배우고 실천함이 바로 '나'를 찾아가는 방법입니다. 지금 이 순간 보고 알고 느끼는 주인인 '나'는 무엇인가? 이뭣고!

19
부처님의 자비심

부처님께서는 2,600여 년 전 중부 인도의 농업 국가인 카필라국, 지금의 네팔 타라이 지방에서, 지혜와 용기를 지닌 정반왕과 마음씨가 착하고 아름다운 마야 부인을 부모로 음력 4월 8일에 태어나셨습니다.

석가모니 부처님은 왜 이 사바세계 남섬부주 카필라국에 태어나신 걸까요? 탄생뿐이 아닙니다. 왜 굳이 마야 부인의 모태를 빌려 태어나서 자라고 세속의 학문과 무예 등을 익히고 생로병사의 고뇌로 방황하다가 출가하여 6년간의 고행을 거쳐 보리수 아래서 깨달음을 얻는 등의 일들을 몸소 실천하셨을까요?

여기에 중생들을 향한 석가모니 부처님의 무한한 자비심이 있습니다. 부처님께서 그렇게 몸소 우리와 같은 모습을 보인 것은 우리 중생들 때문입니다.

우리 중생들에게 이 물질세계의 무상함과 사바세계에서 생사의 고통, 고통의 원인과 고통으로부터 벗어나는 방법 등을 알려 주시기 위해서입니다. 부처님께서 어떤 신의 계시나 권능 혹은 부처님께서 갖추신 무한한 법력과 신통력으로 우리에게 진리를 가르쳐 주지 않고 중생들과 같은 모습을 보여 주신 것은 우리 중생들에게 누구나 부처님의 말씀과 행동을 본받으면 부처님 같은 위대한 성인이 될 수 있다는 가능성을 보여 주기 위함이었습니다. 즉, 이 고통의 윤회로부터 벗어날 수 있다는 용기와 가능성을 보여 주기 위함이죠. 마치 유치원 교사가 먼저 시범을 보임으로써 아이들을 가르치는 것처럼 말입니다.

석가모니 부처님께서 보여 주신 일생은 모두 다 연극이며 환영이며 시범입니다. 본래 부처님은 단 한

찰나도 연화장세계의 황금연화좌대로부터 사바세계에 오신 적이 없으며 단 한순간도 연화좌대를 벗어난 적이 없습니다. 단지 부처님의 무한한 자비심과 원력이 우리 중생들의 부처님과의 인연에 의해 한 편의 드라마를 연출한 것입니다.

그러면 지금으로부터 2,600년 전 사바세계 남섬부주 카필라국이라는 시간적·공간적 배경과 등장인물인 주연 석가모니불, 조연 정반왕, 마야부인, 십대제자, 16성, 1,250명의 대아라한, 무수한 불보살님, 무수한 천신, 그 당시 인도의 많은 나라와 국왕, 백성들, 감독 석가모니불, 원작 석가모니불과 모든 출연자의 인연 등이 만들어 낸 이 거대한 우주적 드라마의 주제는 무엇일까요?

바로 '지혜'입니다. 모든 생명체에게 지혜의 빛을 갖게 하여 그들 스스로 행복과 불행, 고통과 즐거움, 진실한 것과 허망한 것, 밝음과 어두움 등을 구별하여 참다운 행복을 찾아가는 것, 그것이 바로 이 거대한 우주 드라마의 주제입니다.

20
관람자, 배우, 감독, 작가

삶에는 네 가지 방식이 있습니다. 첫 번째 삶은 관람자의 삶입니다. 주어진 환경 내에서 열심히 사는 겁니다. 관람자는 아무리 노력해도 영화의 내용을 바꿀 수가 없습니다. 대본대로 울고 웃으며 받아들이지요.

두 번째 삶은 연기자의 삶입니다. 연기자는 본인이 노력하면 노력한 만큼 자신의 몫, 자신의 배역만큼은 바꿀 수가 있지요. 보통 사람들이 성실히 일해서 삶을 행복으로 만들어 가는 이치입니다. 그런데 '이미 주어진 조건들은 내가 바꿀 수가 없다, 나와 별개다.'라고 여기며 살죠.

세 번째 삶은 감독의 삶입니다. 감독은 영화 전체의 내용을 바꿀 수는 없습니다만 영화에 나오는 사람과 대상의 일부는 바꿀 수 있지요. 그래서 자신이 원하는 모습으로 생을 만들어 갑니다. 세트장도 배우도 바꿀 수 있죠. 여러분에게 주어진 환경을 스스로 바꿀 수 있고 내 앞에 나타난 사람도 바꿀 수 있다는 걸 말합니다. 한마디로 성공한 삶입니다.
마지막으로 작가의 삶이 있습니다. 작품의 출발은 작가가 시나리오를 쓰는 데서 시작하지요. 작가는 영화 내용을 통째로 바꿀 수 있습니다. 대본을 만들기 때문입니다.
관람자의 삶은 어떤 모습일까요? 주어진 환경에 발버둥치며 살아야 하고 나만 이 세상에서 가장 불행하다고 여기며 불평, 불만이 가득합니다. 배우의 삶은 어떤가요? 주어진 환경이 만족스럽지는 못하지만 최선의 노력으로 삶을 변화시켜 갑니다. 이 사람은 자기 몫의 행복을 만들어 갑니다. 감독의 삶을 살면 어떨까요? 그 사람에게도 똑같이 관람자의 삶, 배우의 삶이 있습니다. 그러나 그럴 때마다 '노력을 더 해서 바꿀 수 있어.' 하며 더 열정적으로 삶을 바꿉니다.

마지막으로 작가의 삶은 어떨까요? 지금 처한 환경이 자신의 마음에서 출발해서 만들어졌음을 인정하고 열심히 노력합니다. 처음에는 어렵지만 서서히 변화를 가져옵니다. 그러면 관람자가 아닌 배우로 변하고, 배우가 아닌 감독으로 변하고, 감독이 아닌 작가로 변해 갑니다. 그러면 원하는 대로 삶을 살아가게 되는 거죠.

이 네 가지 성향을 여러분이 다 가지고 있습니다. 지금 '이 세상을 어떻게 보는가?' 하는 관점이 바로 나의 삶의 관점입니다. 부처님의 가르침은 뭘까요? 바로 관람자가 아닌 배우, 배우가 아닌 감독, 감독이 아닌 작가, 근원이라는 겁니다.

그 작가보다 더 행복한 사람이 있습니다. 더 이상

작품을 쓸 필요도 없는 사람입니다. 자기가 원하는 대로 만들지만 더 이상의 작품을 쓸 필요가 없는 그것을 우리는 진여자성眞如自性이라 하고 참나라 합니다. 이 과정을 공부하는 것이 바로 불교입니다.

누구나 다 가장 완전한 진여자성을 지닙니다. 육신만 나라고 여기면 우리는 관람자나 기껏해야 배우밖에 될 수 없습니다. 마음이 만들어 내는 것이라고 알고 있으면 여러분은 감독의 삶을 살 수 있습니다. 그 마음을 읽어 내는 나라는 아상, 그게 나인 줄 알면 작가의 삶을 삽니다. 자아 너머의 나인 줄 알고 비추는 진여자성의 참나를 여러분이 찾아 들어가면 더 이상의 작품을 쓸 필요가 없음을 알게 되지요. 쓰는 자체가 행복을 주는 게 아니라 쓸데없이 만들어 가는 일임을 알게 됩니다.

지금 이 순간 여러분이 보고 듣고 아는 주인이 이

몸인지, 아니면 마음인지, 그 마음의 주인은 또 누구인지, 그것을 읽어 내는 나가 있으면 나는 또 어떤 것인지 찾아 들어가면 됩니다. 그것이 어디에 있습니까? 바로 여러분 자신에게 있습니다.

21
부처님의 모습

꿈에서 부처님을 뵙든, 기도나 수행 중 선정 속에서 부처님을 뵙든, 죽어서 저승 세계의 중음 기간이나 천상, 극락, 지옥, 허공계, 아귀계, 어디서든 여러분은 부처님을 생각할 때 똑같은 모습의 부처님을 생각하실 것입니다.

부처님이 과연 그러한 모습일까요? 부처님이 과연 32상 80종호를 갖춘 성스러운 인간의 모습일까요? 부처님은 본래 형상이 없습니다. 32상 80종호의 성스러운 모습은 우리 인간들이 원하고 선망하는 모습을 부처님께서 방편으로 나투신 허상에 불과합니다. 만약 부처님이 수중 물고기들을 제도하기 위해 몸을 나투신다면 어떤 모습일까요? 만약 지옥의 나찰과 야차 혹은 아수라들을 제도하기 위하여 모습을 나투신다면 어떤 모습일까요? 이렇게 부처님께서 변화되어 갖추신 모습과 능력은 중생들의 원하는 바 근기에 따라 현현된 것입니다.

이 말은 부처님께서 무수한 능력의 표현인 수많은 명호들, 32상 80종호, 18불공법 등을 오랜 세월에 걸쳐 한 가지씩 갖추어 마지막 하나를 완성했을 때 무상정등각을 성취하는 것이 아니라 언제, 어디서든, 지금, 이 순간이라도 진리를 완전하게 깨닫기만 하면 자연히 이러한 모든 능력과 모습이 갖추어진다는 말입니다. 이는 마치 대통령이 모든 권한을 하나씩 갖추어 대통령이 되는 것이 아니라 대통령이 되는 순간 그에 따른 모든 권한을 갖추는 것과 유사하다고 할 수 있습니다.

'부처님께서 갖추신 위대한 능력과 공덕을 어느 시절에 갖추어 부처가 될 수 있을까? 자신 없다. 포기하자!'라고 한다면 이는 어리석은 생각입니다. 지금 즉시 당신이 진리를 깨달으면 당신은 부처이며 부처로서의 모든 능력과 공덕을 성취하실 것입니다. 하던 일을 멈추고 조용히 눈을 감은 채, 밖으로 향하던 마음을 돌이켜 자신을 비추십시오. 그리고 열어 봅시다. 생멸의 문이 아닌 열반의 문을 말입니다.

22
창조주

제가 만약 미래가 여러분의 마음으로부터 나온다고 말한다면 "무슨 소립니까, 스님! 미래가 내 마음속에서 나온다면 내가 원하는 대로 다 이루어져야 하지 않습니까?" 하는 분도 계실 것입니다.
그런데 생각해 보십시오. 그리고 주변을 둘러보십시오. 몸도 마찬가지입니다. 입고 있는 옷, 착용하고 있는 액세서리, 가방, 머리 모양 등 그 모든 것은 여러분이 원해서 가진 것입니다. 애초에 여러분의 마음이 원했던 바가 겉으로 나타난 것이지요.
여러분이 지금 살고 있는 아파트를 누가 선택했습니까? 아파트 평수도 마찬가지입니다. 또 지금 애지중지 아끼는 물건 역시 여러분이 선택한 것입니다. 주변을 둘러보십시오. 여러분이 처음부터 한 번도 원하지 않았던 것은 존재하지 않습니다. 이것이 바로 내가 미래를 만들어 가고, 미래가 내 마음속에서 나온다는 뜻입니다.

단지 미래가 내 마음에 쏙 들지 않는 이유 중 첫째는 미래를 만들어 가는 나의 힘이 작을 뿐인 것이고 둘째는 마음의 힘은 크더라도 그것을 이룰 만한 보조 요건들이 부족하기 때문입니다. 이 보조 요건을 우리는 복福이라고 합니다. 공덕이라고도 하고요.

결국 이 세상에 주어지거나 내게 다가오는 모든 것은 내가 마음을 내고 그 마음을 선택하여 실천하고, 그러고 나서 현상계의 모습으로 드러난 것이지요. 그래서 여러분이 바로 창조주인 것입니다. 신이 창조주가 아닙니다. 부처가 창조주가 아닙니다. 여러분 개개인은 누구나가 자신의 미래를 창조해 나가는 창조주입니다.

23
아이들에게

어떤 아이가 영어를 아주 잘해서 최고의 동시통역사가 되었다고 생각해 봅시다. 그런데 아이의 성품에 문제가 있어서 취직을 했는데 직장 동료와 어울리지 못한다면 그 아이의 영어는 있으나마나 한 것 아닐까요? 영어를 좀 못 하더라도 직장에서 열심히 일하고 직장 동료와 잘 어울리는 사람은 오히려 더 빨리 승진하고 본인도 행복하고 주변도 행복하게 하지요. 지식을 배우는 것만이 행복을 얻는 조건이 아닙니다. 지식은 자신이 원하는 행복을 선택하는 데 있어 조건이 될 뿐입니다. 그것도 일부 조건이지요. 근원은 마음입니다. 본인의 마음이 진정으로 행복을 원할 때 행복을 얻게 됩니다. 부모님들이 그 부분을 간과하는 경우가 많습니다. 저는 상담할 때 아이를 학원에 보내더라도 일주일에 1~2시간은 사찰에 와서 부처님께 절을 하게 하라고 말합니다. 아니면 참선하는 법을 가르치라고 말씀드립니다. 또한 다른 아이들을 배려하는 방법을 가르치라고 합니다. 그것이 진정한 자산이 아닐까요? 그런 것들이 부족한 현재 우리 아이들의 모습은 어떻습니까? 스스로 선택하고 스스로 결정하고 스스로 실천하지 못하고 무엇이든 부모님에게 의지합니다. 또 이기적이고 개인적입니다. 타인을 배려할 줄 모릅니다. 타인에 대한 관심이 없습니다. 그렇다 보니 친구들 사이에서 혹은 지역사회에서 끊임없이 갈등과 문제를 일으키지요.

아이들에게 자신의 성품을 바르게 쓸 수 있는 길을 일러주시기 바랍니다. 그것을 바탕으로 아이가 스스로 선택하고, 실천하고, 행복을 위해서 노력할 때 진정한 행복을 느끼지 않을까요?

24

쾌락

식욕, 색욕, 명예욕, 재물욕, 수면욕. 이 오욕락을 즐기고 누리면 누릴수록 우리는 즐겁다고 생각합니다. 하지만 그렇지 않습니다. 수면이든 음식이든 뭐든 적당함이 넘치면 고통을 동반합니다. 왜냐하면 그것이 주가 되기 때문입니다.

우리는 끊임없이 좀 더 강한 느낌을 원했기 때문에 육신을 가져야 하는 인간 세계에 태어났습니다. 그래서 더 돋보이고 아름답게 보이기 위해 명품 가방도 사곤 하는 것입니다. 그것들이 주는 안락함과 행복은 일시적인 것입니다. 곧 지루해지고 시시해지고 더 이상 즐겁지 않습니다.

어느 한 분야가 나에게 행복을 주는 것이 아닙니다. 우리가 바로 보아야 하는 것은 조건이 아니라 근원적으로 내게 행복을 주는 것입니다. 즐거운 순간에 고통이 잉태되는 저차원의 행복이 아닌 것입니다.

우리는 이 삶을 통해 진정한 행복을 경험하고 실천하려고 생을 사는 것입니다. 이렇게 내가 이 순간, 왜 존재하는지 끊임없이 성찰하는 것이 지혜입니다. 이 순간에 왜 존재하는지 끊임없이 성찰하십시오. 성찰이 잘 되지 않는다면 부처님의 진리를 믿고 실천하십시오. 그리고 전법하십시오. 당신만 행복해하지 마시고 인연 있는 모든 중생에게 진정으로 행복해지는 방법을 가르쳐 주십시오.

25
미망과 싸우다

억겁의 윤회 속에서 우주에 존재하는 생명체가 다 나의 부모, 형제라고 했습니다. 지금의 나는 그들의 끝없는 희생을 바탕으로 이루어졌습니다. 어찌 그들의 고귀한 희생을 외면할 수 있겠습니까? 그것은 시방법계 모든 불보살님의 자비심과 원력을 배반하는 행위이며 지금 여러분의 가슴속에 막 자라나기 시작한 대승의 보리심을 뿌리째 뽑아 버리는 행위입니다.

여러분은 최정예 전사입니다. 탐심과 진심과 어리석음의 미망迷妄과 싸워 그들을 물리치고 여러분의 부모, 형제인 중생들을 고통의 바다에서 건져 올려 영원한 행복의 세계로 나아가는 그 순간까지 지혜의 검을 갈고 닦아야 할 우주법계 최고의 전사입니다. 죽음을 불사하는 여러분의 용맹과 취모리吹毛利의 예리한 지혜는 벌써 마왕 파순의 간담을 서늘하게 하고 마귀와 악의 무리를 두려움에 떨게 하고 있습니다.

여러분의 가슴속에서 이제 막 빛을 발하기 시작한 보리심은 삼독의 어둠을 몰아내고 욕망의 환영으로부터 자신을 구하고 모든 생명체를 어리석음의 집착으로부터 구해 낼 것입니다. 그 번쩍이는 보석의 빛이 우주 끝까지 충만해지는 순간까지 굳세고 용감하게, 물러섬 없이 전진 또 전진합시다.

26
누구를 지지하십니까

선거철이 되면 불자님들이 가끔 질문을 해 옵니다. 누가 옳고 누가 그른지, 어느 것이 검증이고 어느 것이 네거티브인지, 더 나아가 스님은 누구를 지지하느냐고요. 이럴 때 어떻게 보고 실천하는 것이 부처님의 바른 지혜일까요? 이 아귀다툼의 이전투구 泥田鬪狗를 어떤 시각으로 보아 판단해야 할까요?

첫째는 존재하는 모든 것은 실체가 아닌 허상이라는 관점입니다. 본래 실체가 아닌 허상인데 나의 집착으로 인해 실재한다 여기고 내 업식의 판단 기준으로 옳다, 그르다 논쟁하는 것입니다. 꿈을 꾸는 동안 존재하는 모든 것, 안이비설신의 육근을 통해 감지되는 색성향미촉법 육경은 모두가 내 마음의 업식일 뿐입니다. 꿈속에서 나라고 여기는 주체도, 나 외의 대상도 모두가 허상일 뿐입니다. 이와 같이 이 삶 역시 업식의 환영일 뿐인 것입니다. 우리가

꿈속의 내용을 옳다, 그르다 논쟁하지 않듯이 시비
是非란 참으로 허망한 것입니다. 즉, 존재하는 모든
것을 참나에 비친 허상으로 보는 것입니다.
둘째, 본래 텅 비어 있는 참나(진여, 자성)에 왜 업식
이 인식되고 현실이라는 환영으로 나타나게 되었는
가 하는 관점을 살펴야 합니다. 근본 원인은 욕망과
집착입니다. 필요하다고 여겨지면 구하게 되고 구
하면 욕심내고 집착하게 됩니다. 그러면 집착의 대
상이 마음에 각인되고, 참나에 의해 각인된 마음이
현실이라는 꿈속에 투사되는 것입니다.
내가 지금 현실에서 보고 느끼는 모든 것은 내 마음
속에 각인된 생각(정보)들입니다. 모두가 이전부터
지금까지 내 마음속에서 원해서 집착했던 모습들인
것입니다. 서로 비방하고 헐뜯는 정치인과 정치판
은 유권자인 우리 국민의 마음속 모습이 나타난 것

입니다. 찬찬히 따져 봅시다. 우리 국민이 그런 잘 못된 선거 문화와 정치인들을 원하지 않고 또 그에 속지 않는다면 이러한 정치 풍토는 벌써 사라졌을 것입니다. 만약 우리도 지금의 정치인들과 같은 상황과 조건이라면 그들과 같은 행위를 할 개연성을 가지고 있는 것입니다. 즉 모든 것은 나 자신으로부터 시작된 것입니다.

셋째 관점에서, 이 삶에서 만나는 모든 것이 내 업식의 환영이라면 그것이 눈앞의 현실로 나타나는 이유는 무엇일까요? 해답은 간단합니다. 이 삶의 경험을 통해 그 모든 것들이 실재하지 않는 환영임을 알아차리라는 뜻입니다. 우리가 집착하는 대상들은 우리에게 행복을 주지 않을 뿐 아니라 오히려 고통을 준다는 것을 알아차리게 합니다. 그래서 가치 없음을 알게 하여 욕망과 집착을 버리게 합니다.

집착을 놓아 버림으로써 참행복의 근원인 참나에 관심을 기울이게 하고 관심을 집중하면 모든 것이 '참나'에 비친 허상임을 알게 만드는 것입니다.

넷째는 이렇게 직접적으로 알아차리기 어려운 중생들은 욕망과 집착의 대상들을 소유해서 행복을 얻으려고 하지 말고 오히려 필요한 곳에 나누라는 관점입니다. 즉, 보살행을 실천하는 것입니다. 더 나아가 자신의 능력, 자신이 가진 모든 것을 주위의 모든 생명체의 행복을 위해 헌신하는 것입니다. 그러다 보면 자연스레 집착이 줄고 참행복이 무엇인지, 참나가 무엇인지 알게 되는 것입니다.

자, 이 네 가지 관점에서 이 삶을 보고 판단하고 선택하십시오. 그러면 올바른 판단이 가능할 것입니다. 작금의 정치 행태, 정치인, 눈앞의 모든 상황을 이 네 가지로 비추어 봅시다. 자신의 마음속에 숨겨

져 있는 탐진치 삼독의 어두운 그림자가 제거될수록 참나의 지혜는 더욱 밝고 맑게 빛이 납니다. 그 빛으로 비추어 보면 확연히 드러납니다. 비록 완전하지는 못하지만 누가, 어느 것이 최적인지, 어떤 선택이 모두에게 더 많은 행복을 줄 것인지, 누가 자신들의 정치권력을 위해 국민을 현혹하고 희생시키는지, 누가 힘들고 어려운 이웃을 위해 너와 나 모두의 행복을 위해 일할 기회를 달라고 하는지를. 지금 이 순간 우리는 선택해야 합니다. 탐욕과 집착의 흔적을 지워 참나의 행복으로 나아갈 것인지, 탐욕과 집착에 따라 새로운 흔적을 남겨 미래의 고통의 씨앗을 만들 것인지 말입니다.

27
가피

가피加被란 글자 그대로 풀이하면 '더하여 입다.'라는 뜻입니다. 입은 옷 위에 외투를 한 번 더 입는다는 말입니다. 여기에서 옷이란 불행, 고통, 슬픔, 장애에서 자신을 보호하려는 노력과 공덕의 형상입니다. 이 노력과 공덕이란 옷 위에 불보살님의 대자비 원력에 의한 공덕이란 옷을 한 벌 더하여 고통과 불행, 장애에서 자신을 보호한다는 의미입니다. 또한 우리의 소원은 현재 상태에서 벗어나 보다 나은 행복을 얻으려는 것이므로, 현재와 미래의 고통, 불행, 장애에서 자신을 보호하는 의미도 됩니다. 다시 말하면 가피란 소원을 성취하기 위해 실천한 자신의 노력과 부처님의 원력이 합쳐져서 소원이 성취되는 것을 뜻합니다.

부처님의 가피를 입는 일이란 언뜻 보면 불규칙적이며 불확실한 것처럼 보입니다. 마치 불보살님들께서 특별한 규칙이나 조건 없이 마음 가는 대로 가피를 주시는 것만 같습니다. 그러나 가만히 성찰해 보면 이 카오스적인 비정형 속에 일정한 패턴이 있음을 알 수 있습니다. 이 패턴을 바르게 알고 지킨다면 보다 더 많이, 더 확실하게 부처님의 가피를 입게 될 것입니다.

가피의 첫째 조건은 믿음입니다. 흔들림 없는 굳은 신심이 필수 조건입니다. 믿음이라는 기름진 토양이 없으면 아무것도 이룰 수 없습니다. 그래서 모든 기도와 수행의 기본 조건이 믿음인 것입니다. 바른 믿음은 올바른 이해와 성찰에서 출발합니다. 부처님 진리에 대한 확실한 믿음이 있어야 합니다. 둘째는 열정입니다. 원하는 바를 꼭 이루고자 하는 강한 신념이 필요합니다. 어떤 어려움과 장애가 있더라도 반드시 성취하고야 말겠다는 강한 의지가 필수적입니다. 셋째는 바른 원력입니다. 이루고자 하는 성취가 자신의 욕망과 집착이 아닌, 자신과 인연 있는 많은 생명에게 행복을 주고자 하는 것이어야만 합니다. 왜냐하면 그러한 원력이 바로 불보살님의 원력이기 때문입니다. 즉, 나 자신을 통하여 불보살님의 원력이 실현될 수 있도록 발원하는 것입니다. 넷째는 끝없는 정진입니다. 아무리 좋은 원력과 굳은 신심, 강한 의지가 있어도 실천하지 않으면 무용지물인 것입니다. 끝없는 정진이 필요합니다.

이 네 가지 조건을 실천해 보십시오. 그러면 가피는 어느새 삶에 스며들어 있을 것입니다.

28
인연

인연. 불자라면 누구나 인연의 중요함을 알고 이를 역설합니다. 불자가 아니더라도, 종교가 없더라도 요즈음은 인연의 의미를 더욱 깊게 부여하고 받아들입니다. 그런데 우리는 인연에 대해서 얼마만큼 정확히 알고 있을까요? 그 의미는 무엇이고 얼마만큼 중요한지, 과연 얼마만큼 알고 있을까요?

'인연因緣'의 '인因'은 나타난 현상이나 결과의 주된 원인을 말합니다. '연緣'은 그 결과가 이루어지는 데 있어서 주된 원인과 함께 작용한 보조적 조건들을 의미합니다. 예를 들어 꽃이 피었다면, 꽃씨는 '인'이 되고 흙, 물, 공기, 유기물 등은 '연'이 되는 것입니다. 하나의 주된 '인'이 '연'을 만나 결과를 이루면 이 결과가 또 다른 '인'이 됩니다. 그 '인'은 또 다른 결과를 이루는 '연'이 되기도 하지요. '인'과 '연'이 또 다른 '인'이나 '연'이 되기도 한다는 겁니다. 이것이 인연의 법칙입니다.

인연의 법칙으로 보면 우리 삶은 인연의 연속입니다. 삶이 전부 인연인 셈이죠. 우리의 삶뿐 아니라 죽음, 환생, 윤회, 더 나아가 우주 만물 모두가 인연 소생입니다. 일체가 인연 그 자체인 것이죠. 삼라만상 일체가 인연이라면 이 전체의 근원인 '인'은 무엇일까요? 바로 자신의 마음입니다. 바로 나 자신이 고통, 행복, 기쁨, 슬픔, 산과 바다, 전쟁, 천재지변 등의 근본 원인인 셈이지요.

29
정과 사

정正은 무엇이고 사邪는 무엇일까요? 정正은 '바르다, 옳다.', 사邪는 '바르지 못하다, 그르다.'라는 뜻입니다. 이 두 가지를 무엇으로 구분할 수 있을까요? 유사 이래 수많은 철학자, 성직자, 학자, 정치가, 과학자 등이 이 문제와 끊임없이 대면했을 것입니다. 지금 이 순간에도 수많은 사람들이 각자 자신의 주장은 옳고 상대의 주장은 그르다고 합니다. 자, 어느 것이 바른 것입니까? 어떻게 판단하시겠습니까?

첫 번째 판단 기준은 판단 주체인 자기 자신입니다. 자신에게 더 많은 행복을 주고 있거나 행복을 줄 가능성에 대해 '옳다, 바르다.'라고 판단합니다. 두 번째는 동일한 조건하에서 다른 주장보다 더 오래도록, 보다 많은 사람들에게 많은 행복을 줄 수 있어야 합니다.

이 두 가지를 모두 충족하는 것을 우리는 옳다, 바르다 할 수 있을 것입니다. 첫 번째 조건에 관계없이 두 번째 조건만으로 판단하는 이는 훌륭한 사람, 보다 바람직한 지성인이겠지요.

30
무엇을 얻었는가

부처님의 가르침을 배우고 실천하기 전과 기도를 회향하고 수행 결사를 마치고 난 지금, 어떤 변화가 생겼나요? 무엇이 얼마만큼 변했나요? 바라던 소원이 성취되었나요? 재물과 명예를 얻었나요? 두렵고 고통스러운 삶이 조금 변했나요?

만약에 나의 변화가 이런 것들이라면 부처님의 가피를 적게 받은 것입니다. 그리고 별로 변한 것은 없는데 자신의 행위와 말과 생각을 알아차린다면 평작입니다. 자신의 과거 행위가 부끄러워 참회하고 자신의 주위 인연들에게 참으로 감사한 마음을 느낀다면 많은 것을 얻은 것입니다. 더 나아가 이 삶이 꿈과 같고 환영 같음을 느끼고 알아차렸다면 아주 귀한 것을 얻은 것입니다.

자신의 마음속에 숨겨져 있는
탐진치 삼독의 어두운 그림자가 제거될수록
참나의 지혜는 더욱 밝고 맑게 빛이 납니다.

셋.
나
누
다

행복은 촛불과 같습니다.

31
출발

여러분은 출발점에 서 있습니다. 고통과 윤회를 뒤로하고 바른 행복과 진리를 향해 달려가는 이 순간까지 여러분이 경험했던 고통과 번민과 후회와 갈등은 여러분이 이 출발선에 설 수 있는 밑거름이 되었습니다. 여러분, 맹구우목盲龜遇木만큼 어렵고 힘들게 얻은 기회를 흘려 버리지 맙시다. 오늘의 지극히 소중한 이 인연을 더욱 깊고 넓게 맺어 완전한 행복에 이르는 그날까지 퇴굴하지 말고 함께 정진하기를 발원합니다.

32

종교

우리 삶은 순간순간, 지금보다 더 나은 행복을 얻기 위해 분별해서 판단하고 선택하고 실천하는 과정입니다. 지금 하고 있는 말, 행위, 생각, 주장, 학업, 운동, 사업 모두의 근본적 출발은 보다 나은 행복이지요. 정치, 철학, 과학 역시 이 범주를 벗어나지 못합니다.

종교 역시 마찬가지입니다. 종교의 주장과 가르침에 따라 실천하면 자신에게 행복을 주고, 신이나 믿음에 관계없이 가르침을 실천하면 더 많은 사람들에게 더 많은, 더 오래 지속되는 행복을 주어야 합니다. 그런데 궁극의 행복을 자처하는 종교로 인해 우리는 많은 고통을 받고 심지어는 가장 슬프고 불행한 죽음을 당하기도 합니다. 종교로 인해 갈등, 반목, 미움, 증오를 잉태·성장시키고 종국에는 내란이나 전쟁을 만들어 갑니다. 행복에 필요하다며 행복을 빼앗고, 평화를 위한다며 평화를 파괴합니다. 영생을 부르짖으며 살인과 살생을 당연시합니다. 참으로 어리석은 모습입니다. 종교가 나와 맞지 않는다고 해서 옳지 않거나 틀린 것은 아닙니다. 나와 다를 뿐입니다. 이제 조금 더 성숙해져야 할 때입니다. 종교인답게, 성직자답게, 지성인답게.

33
현명한 생각

누군가는 절에 열심히 다니는 이에게 이렇게 이야기하곤 합니다. "종교에 너무 빠지면 안 돼. 현실적으로 살아. 상식적으로 말이야." 또한 흔히 부처님의 가르침을 열심히 배우고 실천하면 참 어리석다고 생각합니다. 그 시간에 학생들 같으면 영어 단어 하나 더 외우고 수학 공식 하나 더 암기하고, 성인이라면 계획을 하나 더 세우고 실천해 금전적인 이익을 취하는 것이 훨씬 더 현명하다고 생각하지요. 그런데 절에 열심히 다니는 것이 과연 비현실적이거나 허무맹랑하거나 이상주의적인 일일까요? 부처님 가르침을 배우고 실천하는 것이 지금까지 행했던 어떤 것보다 더 많은 행복을 준다면, 이는 비상식적이고 비현실적인 것이 아니라 가장 합리적이고 과학적이고 현실적인 행동입니다.

여러분은 법문을 들을 때는 열심히 듣고 기도할 때

는 열심히 합니다. 그러나 일주문을 벗어나면 현실 세계로 돌아와 현실은 현실이라고 생각하지는 않습니까? 과연 현명한 생각일까요? 현명하다는 것은 지혜롭다는 것이고, 지혜롭다는 것은 자신의 선택과 행위를 통해 더 많은 행복을 얻을 수 있음을 말합니다. 어떤 것이 미래의 나에게 행복을 줄지는 내가 지금 어떻게 실천하느냐에 달렸습니다. 행복을 찾기 위한 과거 전생은 제외하고, 이 생에서 짧게는 30년, 길게는 70년을 살아왔음에도 행복과 만족을 느껴 본 적이 없다면, 그 오랜 세월 윤회를 하며 살아왔음에도 바른 행복을 찾지 못했기 때문입니다.

그렇다면 이제는 바꿔 봐야죠. 부처님 가르침의 눈으로 배우고 실천해 보세요. 시간이 갈수록 더욱 기쁘고 진정한 행복을 느끼실 수 있을 겁니다.

34
불신의 마

신뢰는 진실과 소통에서 나옵니다. 진실하되 소통하지 않으면 오해와 불신이 생기지요. 소통하되 진실하지 않으면 불신과 배신감을 가져다줍니다. 이렇게 생산된 불신은 수많은 문제들을 불러옵니다. 우리들의 행복을 빼앗고 탐진치 고통의 늪에 빠져들게 합니다.

이것이 마가 아니고 무엇입니까? 불신의 마가 불러오는 고통은 양쪽 당사자들뿐 아니라 주위와 지역, 국가 등 인연 되는 모든 곳을 땅거미처럼 물들입니다.

정부에 대한 국민의 불신은 사회적 비용의 천문학적 손실과 꼭 필요한 정책 추진의 지연을 불러와 막대한 손해를 가져오고 이에 따른 수많은 고통을 야기합니다. 끝내는 갈등과 분노라는 사회적 병폐를 만들어 냅니다.

우리 주변에 산재해 있는 노사 갈등, 계층 간의 갈등, 지역갈등, 정치적 갈등, 모두 불신의 마가 생산해 낸 마졸들이 아니겠습니까?

35
안거

안거 결제는 수행하시는 스님들만의 전유물이 아닙니다. 불자라면 누구나 자신의 입장에서 최대한 노력해서 매일 시간과 장소를 정해 부처님의 진리를 배우고 실천해야 합니다.

사실 행복을 구하는 모습으로 본다면 일평생 결제 아닌 때가 없고 안거 아닌 장소 또한 없을 것입니다. 우주에 존재하는 모든 생명체는 끊임없이 행복을 얻기 위해 노력하기 때문이죠. 온 우주 또한 어느 한 곳 빠짐없이 안거를 실천하는 도량이고요. 단지 보다 효과적이고 합리적인지가 다를 뿐이지요. 설사 악행을 하고 탐욕에 집착하고 탐진치 삼독의 바다에 빠져 허우적댈지라도 그 중생 또한 안거 중이고 결제 중입니다. 더욱 힘들고 고통스럽고 불확실하고 더 늦은 방법의 안거 수행을 하고 있는 중인 것입니다.

지금의 탐욕과 악행으로 인하여 다음 생에 지옥, 아귀, 축생의 고통을 받겠지만 그 경험으로 탐욕과 악행이 행복이 아닌 고통을 가져온다는 지혜를 얻게 될 것입니다. 지금의 인간뿐 아니라 지옥, 아귀, 축생의 세계에 살고 있는 모든 중생들, 더 나아가 가장 작은 생명체부터 천상계의 신들까지 모두 안거 정진 중입니다. 중생들의 생사윤회는 자신의 업식에 따라 가장 적합한 안거 도량과 안거 기간을 선택해서 실천하는 모습입니다. 지옥은 전생에서 탐욕과 집착으로 다른 생명체에게 고통을 준 중생들이 스스로 고통의 체험을 통해 자신의 행위와 어리석음을 참회하는 참회안거 도량입니다. 아귀계는 과거 오직 자신의 욕망과 집착을 성취하기 위해 다른 생명체들의 고통을 외면한 중생들이 배고픔과 목마름을 경험하여 과거의 이기심과 탐욕, 어리석음을 참회하는 참회안거 도량입니다. 축생계는 자신의 쾌락과 즐거움을 위해 가족, 이웃 등을 돌아보지 않고 삶 속에서 자신의 의무를 저버린 과보로 굶주림, 끝없는 죽음의 공포, 가족 구성과 생식 보존의 어려움 등을 체험하며 과거 자신이 행한 업을 정화하는 도량입니다.

과거 생에 행한 욕망과 집착의 결과로 괴로움, 슬픔, 궁핍도 경험하지만 선행의 공덕으로 기쁨과 행복을 잠시 맛보기도 합니다. 고통과 슬픔을 벗어나기 위해 참회도 하고 욕망 성취를 위해 선행 공덕을 짓기도 합니다. 그러나 대부분의 인간은 사상(아상·인상·중생상·수자상)과 삼독(탐진치)으로 인해 욕망과 집착의 생을 살게 됩니다.

그 결과, 고통을 벗어나 더 완전한 행복을 얻을 기회를 잃고 마는 것이죠. 그중에 지혜와 공덕이 수

승한 극소수의 중생들은 부처님 진리를 만나 중생들의 생사윤회고와 삶의 무상함을 깨달아 참행복의 길을 가게 됩니다. 이러한 모습이 인간계의 안거입니다. 여러분은 지금 어떠한 모습의 안거를 하고 계신지요?

36
복덕

복덕이란 전생이든 이번 생이든 다른 사람의 행복을 위해 노력한 결과를 말합니다. 인생을 살아가면서 모든 것에는 시간과 공간의 인연이 있습니다. 공덕(복덕)을 쌓을 수 있는 인연 또한 항상 우리 곁에 있는 것이 아닙니다. 지금 내 곁에 왔을 때 행해야 합니다. 언젠가 도와준 작은 공덕이 오늘의 내 소망을 이루는 데 결정적인 역할을 하는 경우가 많습니다. 지금 이 순간 눈앞에 보이는 선행의 기회를 헛되이 보내지 맙시다. 그러한 기회를 준 그 생명체에게 무한히 감사합시다. 언젠가 그 공덕 인연이 나에게 무한한 기쁨을 가져다줄 것입니다.

37
심은 대로

성취하고 싶은 마음은 간절한데 인간의 능력으로 더는 할 수 있는 일이 없다면 기도밖에 할 것이 없습니다. 기도는 무한한 능력을 지닌 부처님에게 매달려 어려움을 극복하고 소원을 이루는 수행법입니다. 스스로가 지은 업의 장애를 타력으로 극복하고자 하는 일입니다. 우리 능력에는 한계가 있으며 죄업은 무겁고 복덕은 엷은 관계로, 모든 일이 뜻대로 되지 않습니다. 게다가 온갖 재난과 재앙이 그 뒤를 쫓고 있습니다. 이러한 고난, 장애, 재앙은 날 때부터 지니고 있는 전생의 업보業報와 업장業障 때문입니다. 이를 알고 반성하고, 복덕과 지혜와 자비와 만덕을 두루 갖추신 불보살님께 진심으로 귀의하여 예배, 공양, 참회, 발원을 함으로써 불보살님의 가피력을 입고자 하는 것이 바로 기도입니다. 기도는 다른 방법보다 더 직접적으로 불보살님의 가피력에 의하여 죄업을 소멸하고 복덕을 성취하는 길입니다.
이는 무엇을 갈구해서 얻음과는 다릅니다. 아주 착하고 성실하게 사는데 기도를 하지 않았다고 하여 소원을 이루지 못하고, 반대로 부도덕하게 살면서도 간절하게 기도했다는 이유로 바라는 바를 성취한다는 말처럼 불합리한 것은 없습니다. 선한 행동을 하면 선한 과보가 오고 악한 행동을 하면 악한 과보가 온다는 것이 부처님께서 가르친 진리입니다. 우리는 부모, 형제, 가족, 이웃, 동료 등 수많은 인연 속에서 살아가고 있습니다. 그 속에서 인因을 심고 연緣을 맺으면서 고락苦樂을 누리며 살고 있습니다. 지금 우리의 모습은 지난 과거의 결과이자 다가오는 미래의 모습을 결정하는 원인입니다.
그러니 자신이 공부한 만큼 거두려 하지 않고 그 이

상을 거두게 해 달라고 조르는 사람, 원수를 만들어 놓고 귀인을 바라는 사람은 마치 수수를 심어 놓고 쌀을 바라는 이와 같지 않을까요?

38

화

화禍가 무엇입니까? 내게 고통과 슬픔, 불행을 주는 것입니다. 이 고통, 화라는 것이 오면 당장은 괴롭고 슬픕니다. 하지만 그 슬픔과 고통을 다음에 반복하지 않음으로써 다음 생, 미래에는 행복과 즐거움을 가져다줄 것입니다. 그렇기에 화는 나에게 복을 심어 주는 씨앗이 될 수 있는 것입니다.

우리가 지금 힘들고 고통스럽더라도 미래를 위해서 아이들을 교육하고 저축하고 열심히 일하는 것처럼, 조금 불편하고 고통스럽고 슬프더라도 그 경험을 통해 보다 나은 미래를 설계하고 행복의 씨앗을 심을 수 있다면 그것이 진정한 복이 아닐까요?

39
방생

많은 공덕 중 생명을 살려 주는 공덕이 가장 크다고 합니다. 생자필멸生者必滅이라 했습니다. 어떤 생명이든 시간의 차이만 있을 뿐 모두 죽습니다. 지금 내가 이 생명을 먹지 않는다고 해서 이 생명이 오래 사는 것도 아니고 결국에는 죽게 되겠지요. 그러나 죽는 순간까지 생에 집착할 겁니다. 그러니 다른 생명에게 생명을 빼앗기는 고통을 주지 말고 기쁨을 주라는 것입니다.

다른 생명에게 다시는 죽음의 공포를 주지 않는, 그리하여 자타일시성불도自他一時成佛道, 즉 나도 이 죽음의 고통에서 벗어나고 내가 알고 있는 모든 생명체를 다 같이 죽음의 고통에서 벗어나게 하는 것. 이것이 부처님이 말씀하신 방생의 진정한 목적이라고 생각합니다.

40
복을 받으려면

복을 많이 받으려면 복을 많이 지어야 합니다. 짓지 않고 어떻게 받습니까? 복은 내가 지어 내가 받는 것이지, 누가 지은 것을 대신 받을 수는 없습니다. 복을 지어 놓지 않았는데 받았다면, 종국에는 그 대가를 지불해야겠지요.

41
행복

행복은 촛불과 같습니다. 촛불을 다른 이의 초에 붙여 준다고 해서 촛불이 줄지 않지요. 혼자 나누면 둘이 되고, 둘이 나누면 금세 넷이 됩니다. 나눠 줄수록 행복은 기하급수적으로 늘어납니다.

42
나눔

나눔은 해도 되고 하지 않아도 되는 선택이 아닙니다. 행복을 원하는 생명체라면 당연히 해야 하는 일입니다.

지혜롭게 관찰해 보면 삶 자체가 나눔의 연속입니다. 인간과 인간이 서로에게 행복을 나누고 자연과 인간이 서로 생명을 나눕니다. 우주도 나눔과 나눔의 연속입니다. 나눔이 없다면 우리는 생명을 유지할 수 없습니다. 태양이 자신의 에너지를 나누어 주고 지구가 자신의 몸과 에너지를 나누어 줍니다. 초목은 자신의 생명을 나누어 다른 생명을 살리고 물과 공기는 자신을 나누어 생명력을 유지시킵니다. 부모님의 사랑의 나눔이 나를 탄생시키고 가족의 사랑의 나눔이 나를 성장시킵니다. 친구, 이웃, 동료, 지역사회의 행복 나눔이 나를 성취시키고 나의 가치를 높여 줍니다.

처음부터 끝까지, 작은 미물에서 저 무한한 우주에 이르기까지 나눔의 메커니즘으로 연결되어 있습니다. 그래서 불보살님들은 무량무변의 원력으로 중생에게 행복을 나누어 주고 계신 것입니다.

나눔은 자비요, 사랑이요, 선행이요, 행복이요, 기쁨인 것입니다. 무릇 행복을 원하는 자는 나눔을 실천해야만 진정한 행복에 도달할 수 있을 것입니다. 이 무한한 행복과 기쁨을 내가 알고 있는 모든 생명들과 함께 나눕시다.

43
행복을 향하여 함께

부처님뿐 아니라 역사상 성자와 현자 들은 한결같이 나눔(자비, 사랑, 선행)을 설파해 왔습니다. 그러면 나눔은 무엇일까요? 저는 나눔을 '다른 누군가의 행복을 위해 내 행복을 나누어 주는 것'이라고 정의합니다. 살아 있는 모든 생명체는 행복을 얻기 위해 단 한순간도 쉼 없이 신·구·의 세 가지를 통해 노력합니다. 스스로 행복한 느낌을 얻기 위해, 행복한 느낌을 얻을 수 있는 조건을 끊임없이 갈망하고 갖추어 나갑니다. 그 조건들을 누군가와 함께 나누는 것. 이것이 바로 나눔이죠. 그러면 나눔은 왜 필요할까요? 그렇게 어렵고 힘들게 얻은 행복을 왜 부처님께서는 나누어 주라고 하셨을까요?

부처님께서 행복을 나누라고 강조하신 이유는 현재의 나에게 행복을 주기 위해서입니다. 미래의 나도 아니고, 불국토나 세상을 위해서도 아닙니다. 그러면 부처님께서는 왜 나눔이 지금의 나에게 행복을 가져다준다고 여기셨을까요? 그 근원은 행복이라는 그 모습에 있습니다. 행복은 우리가 행복이 있다고 여겨지는 조건에 있지 않고 원하는 것을 얻는 만족에 있습니다. 그러므로 원하는 것이 많은 사람보다는 적은 사람이 더 빨리, 더 쉽게 만족하고 행복을 느끼는 것입니다. 우리는 자신이 원하는 조건을 더욱 많이 소유해야만 행복을 얻을 것이라고 착각합니다. 그러나 그것은 끝없는 갈증만 가져다줄 뿐이죠. 그래서 소유하는 불완전한 행복이 아닌, 욕망을 버리고 나누어 주는 행복이 보다 완전한 행복임을 우리에게 체험케 하려는 것입니다. 종국에는 욕망이 완전히 없어진 상태, 열반이 가장 완전한 행복임을 느끼게 하려는 것이죠.

44
이제는 눈을 뜰 때

우리 불자님들은 이미 귀중한 선물을 많이 받았습니다. 그리고 주기도 했고요. 다만 마음의 눈이 어두워 그 가치를 알아차리지 못하고 있을 뿐입니다. 그 최고의 선물은 바로 부처님의 가르침입니다. 부처님의 진리만이 가장 완전하고 영원히 변하지 않는 행복을 주기 때문입니다.

여러분은 이 귀중한 선물의 가치를 얼마나 느끼셨나요? 눈물 흐르는 가슴 벅찬 환희심을 느끼셨나요? 우주 최고의 선물을 받은 자부심을 느끼셨나요? 이 고맙고 감사한 일에 헌신하고픈 마음은 들지 않으시나요? 이 모두 아니라면 여러분은 은혜와 감사를 모르는 사람입니다. 왜냐하면 제불보살님, 조사님, 스승님 들께서 여러분에게 이 귀중한 선물을 주려고 애를 쓰고, 그리하여 선물을 주셨지만 정작 우리는 그 선물의 가치를 몰라 내다 버리거나 마음 저 구석에 방치하고 있으니 말입니다.
이제 눈을 떠야 합니다. 어리석은 미망의 꿈에서 깨어나야 합니다. 죽음이 오기 전에 선물의 가치를 깨달아야 합니다. 그리고 이 귀중한 선물을 불보살님들이, 스승님들이 하신 것처럼 나누어야 합니다. 사랑하는 내 자식, 형제, 가족, 이웃, 친구, 동료, 더 나아가 나와 인연 있는 모든 생명에게 나누어 주어야 합니다. 이 선물은 나누면 나눌수록 더욱 많은 행복과 기쁨을 가져다줍니다. 또한 아무리 나누어도 줄지 않습니다.
혹 여러분은 이 우주에서 가장 귀한 선물을 나누는 것을 부끄럽게 여기시나요? 아니면 가족이나 지인에게 부처님의 가르침을 전하는 것이 그들에게 별 도움이 안 된다고 생각하시나요? 사업을 하거나 직장 생활을 하는 가족이나 친지에게 부처님의 진리가 얼마만큼 가치 있다고 여기시나요? 공부하는 자녀에게 공부보다 부처님 가르침이 더욱 중요하다고 자신 있게 이야기할 수 있나요? 혹은 나 스스로 재물이나 명예, 권력 등 세속적인 욕망이나 집착의 대상보다 불법佛法이 더욱 귀중하다고 생각하고 실천하시나요?

우리가 행하는 일거수일투족은 더 나은 행복을 얻는 데 목적이 있습니다. 그러나 지금과 같은 삶의 방법으로는 천만번 생을 바꾸어 산다고 해도 완전한 행복에는 도달하지 못할 것입니다. 또 원하는 대상을 모두 얻는다 해도 완전한 만족은 얻을 수 없습니다. 오직 부처님의 가르침만이 우리를 완전한 행복에 다다르게 합니다.

이 우주에서 부처님의 진리만큼 크고 많고 완전한 행복을 주는 것은 없습니다. 그런데 우리는 왜 더 작은 행복, 더 불완전한 행복을 주는 것들을 더 귀하고 가치 있다고 여길까요?

내 부모, 형제, 자녀들을 진심으로 사랑한다면 이 우주 최고의 선물인 불법을 전해 주어야 합니다. 친구를 사랑하고 이웃을 사랑하고 생명들을 사랑한다면 그들에게 부처님 진리를 가르쳐 주십시오. 그들이 완전한 행복을 누릴 수 있도록 말입니다. 이것이 최고의 선행이요, 최고의 봉사이며 보살행입니다. 또한 최고의 공덕이며 지혜입니다.

45
보살행

대다수의 불자는 보살행은 큰 원력을 세우고 재산과 능력과 마음이 넉넉한 사람들이 하는 일이라고 생각합니다. 하지만 여러분이 이웃이나 주변의 모든 생명체를 사랑하는 마음을 갖는 것만으로도 보살행이 됩니다. 주부가 집에서 자식과 남편을 위해서 열심히 요리한다면 그 자체가 보살행입니다. 또한 직장에서 일할 때 내가 하는 이 일로 내가 관계하는 모든 사람, 모든 생명체가 행복하면 좋겠다는 마음을 품는다면 그 역시 보살행인 것입니다.

남을 위해 생명을 바치고 다른 사람을 위해 재산을 나눠 주는 일만이 보살행이 아닙니다. 지금 내가 처한 순간마다 다른 사람을 위하는 마음으로 행하는 것이 보살행입니다.

죽는 순간까지 우리는 생에 집착할 겁니다.
그러니 다른 생명에게
생명을 빼앗기는 고통을 주지 말고
기쁨을 주라는 것입니다.

넷. 비우다

우리의 꽃은 깨달음입니다.

46
미루지 말라

이 순간, 누군가의 안부가 궁금하고 누군가에게 작은 선물을 하고 싶거든 지금 실천하세요. '다음에 형편이 좋으면 그때 하지.'라고 하지만 나중에는 다른 이를 배려할 만큼의 형편은 물론이고 그런 마음의 여유조차 갖지 못할 수도 있습니다. 내일의 조건이 어떻게 변할지 모르지만 가장 크게 변하는 것은 내 마음입니다. 오늘은 하고 싶은 생각이 일었지만 내일은 내가 가진 물질에 대한 욕망과 탐욕과 집착이 수행을 하거나 보시를 하거나 공덕을 쌓는 마음을 없애 버릴 수 있습니다.

누군가를 향한 마음이든 부처님의 법을 배우는 일이든 일상사를 핑계 대어 미루지 마세요.

47
복이 많은 사람

저는 복이 많은 사람은 이런 사람이라고 생각합니다. 첫째, 부처님의 진리를 배울 기회를 가진 사람. 둘째, 부처님의 진리를 배우고 실천할 기회를 가진 사람. 셋째, 부처님의 진리를 실천하고자 노력하고 실제로 실천하고 있는 사람입니다.

48
기복 신앙

기복祈福이라는 말은 유독 불교에서 많이 합니다. 우리 스스로도 많이 이야기하고 남을 지탄하거나 폄하할 때도 입에 올리곤 합니다.

복을 바라고 기도하는 행위를 가만히 봅시다. 행복을 바라고 부처님께 기도하는 사람은 '다른 사람은 잘 못 되고 저만 잘되게 해 주십시오.' 하고 기도하지 않습니다. 더 많은 이익과 행복을 얻기 위해 자신의 권리나 지혜 혹은 지식과 권한을 이용해 다른 사람의 것을 빼앗는다면 그리고 다른 사람에게 고통을 준다면 그것이 더 나쁜 행위입니다. 기도하는 그 누구도 자신의 행복을 위해서 다른 누군가에게 고통을 주기를 바라지 않습니다.

그러므로 기복은 절대 버려야 할 행위가 아닙니다. 우리가 진정 버려야 할 것은 나의 즐거움과 행복을 위해 누군가의 것을 빼앗아 슬픔과 괴로움, 고통을 주는 행위입니다. 그 행위는 이후의 나에게 고통을 가져다주기 때문입니다.
다른 사람을 고통에서 벗어나게 하고 행복과 기쁨을 권장하는 것은 그렇게 하면 미래의 내가 행복을 더 쉽게, 많이 얻을 수 있기 때문입니다. 선행이나 봉사나 보살행은 표면상으로는 내가 다른 생명체를 위해 노력하는 일이지만, 실제 부처님 가르침의 의미는 내가 그렇게 함으로써 행복을 가장 쉽고 안전하고 빠르게 얻기 때문이라는 겁니다. 그러므로 기복은 결코 바람직스럽지 못한 행위가 아닙니다.
중생의 세계에 내가 존재하는 한, 나는 행복을 끊임없이 구합니다. 그 구하는 행위 중에 바람직한 행위가 바로 기복입니다. 기복은 '이전에 내가 악행을 저질렀거나 잘못을 해서 남에게 고통을 준 것을 참회하고 앞으로 더 열심히 부처님의 가르침에 따라 실천하겠습니다. 부처님, 제가 원하는 것을 주십시오.'라고 말하는 일입니다. 절대 부끄러운 일이 아닙니다.

부처님이나 조사스님이나 깨달음을 얻은 선지식들이 수행자와 불자들에게 이야기했던 것이 바로 기복이라는 단어였습니다. 나쁘다는 의미가 아니라, 더 완전한 행복으로 가기 위해서는 이를 버려야 한다고 했던 겁니다. 그리고 조선시대에 이르러 사대부들이 불교를 비하하는 쪽으로 왜곡하기 시작합니다. 자신들의 유교적인 생활 철학이나 정치 철학은 아주 현실적이고 꼭 필요하다고 여겼지요. 그래서 쇠로 만든 부처님이나 산속 바위 밑에 가서 기도하는 행위는 어리석음의 소치라고 생각했고 거기에 기복이라는 말을 갖다 붙이기 시작했습니다. 양반들이 불교를 비하하고 왜곡했던 그 모습을 후세가 그대로 본받아서 기복 불교, 미신이라고 한 겁니다.
우리의 행위는 마음에서 시작해서 마음으로 돌아옵니다. 기복은 행복을 만들어 가는 효과적이고 합리적이며 과학적인 방법임을 꼭 아시기 바랍니다.

49
선행과 행복의 관계

선행을 하면 부처님께서 수고했다며 복을 주시는 게 아닙니다. 또한 악행을 해서 고통이 오는 것은 염라대왕이 심판한 결과가 아닙니다.

이유는 바로 자성自性의 힘 때문입니다. 선행을 하게 되면 자성으로 더 가까이 가게 됩니다. 즉, 보다 나은 행복을 얻는 길로 가는 것입니다. 그래서 스스로 끊임없이 자신의 미래를 행복으로 만들어 놓습니다. 당장은 선행이 불편을 다소 만들지라도 미래에는 행복을 가져다줍니다. 왜냐하면 선행은 욕망과 집착을 버려야만 가능하기 때문입니다. 완전히 버리지 못하더라도 버린 만큼 선행을 할 수 있고 그만큼 자성으로 되돌아가며 그만큼 행복을 얻는 이치입니다. 반대로 악행을 저지른 만큼 자성에서 멀어지며 그만큼 행복에서 멀어지고 결국 고통을 얻게 됩니다.

50
기쁨의 등불

이번 부처님오신날에는 법당이 아닌 진정으로 어둡고 고통스럽고 힘든 곳에 등을 달아 주십시오. 길목에 달고, 가난하고 힘들고 고통스러운 내 이웃을 위해 달아야 합니다. 그 등은 연등이 아니라 기쁨의 등불일 것입니다.

51
계율을 받다

대부분의 불자님들은 수계를 초심자가 정식 불교 신자가 되기 위해 받아야 하는 입문의 예 정도라고 알고 있는 것 같습니다. 더욱이 일부 불자님들은 꼭 수계 의식을 하지 않더라도 열심히 기도하고 선행을 실천하면 참다운 불자라고 생각하기도 합니다.

수계란 불자라면 누구나 받아야 하는 기본 의례입니다. 즉 수계를 받아야 참으로 불자가 되는 것입니다. 자기 스스로에게 그리고 전계사傳戒師스님, 제불보살님들께 이제 불자임을 당당하게 고하는 의식인 것이죠.

또한 수계는 부처님 혹은 스님, 사찰, 불교 교단을 위해 받는 것이 아닙니다. 바로 계를 받는 수계자 자신을 위해서입니다. 계의 근본은 지악권선止惡勸善입니다. 악행을 멈추고 선행을 권하는 것이죠.

52
부처님과 비둘기

부처님께서 전생에 동굴에서 수행을 하시는데 비둘기 한 마리가 숨어들었습니다. 비둘기는 매가 잡으려고 쫓아오니 숨겨 달라고 했습니다. 부처님께서는 그 비둘기를 숨겨 주었습니다.

잠시 후 매가 부처님께 와서 "혹시 이곳에 온 비둘기를 못 봤느냐?"라고 물었습니다. 부처님께서는 봤다고 말씀하시고는, 비둘기를 잡아먹는 건 살생이니 그러지 말라고 했습니다. 그러자 매는 "부처님은 비둘기의 생명만 중요하고 비둘기를 못 먹으면 굶어 죽는 나의 생명은 중요하지 않느냐?"라고 물었습니다.

그러자 부처님께서는 매에게 비둘기를 잡아먹는 양만큼의 고기를 주겠다고 했습니다. 그러고는 자신의 살 일부를 베어 주었습니다. 그때 매가 정확하게 저울로 달아서 비둘기의 무게만큼 주어야 한다고 주장했습니다. 부처님께서는 범천에게 부탁해서 무게를 저울로 쟀습니다.

한쪽에는 비둘기가 올라가고 다른 쪽에는 부처님의 살을 올렸습니다. 처음에는 허벅지 살을 일부 베어서 올렸는데 저울이 비둘기 쪽으로 기우는 것입니다. 그래서 반대쪽 허벅지 살을 베어서 같이 올렸는데 역시 기우는 거였습니다. 부처님은 참 이상하다고 생각하며 다리 한쪽을 잘라서 올렸습니다. 그래도 역시 비둘기 쪽으로 기울었습니다. 종국에는 부처님께서 직접 저울로 올라갔습니다. 그러자 부처님과 비둘기의 무게가 균형을 이루었습니다. 그래서 부처님께서는 자신의 몸을 매에게 다 주었다는 이야기가 있습니다.

오늘날 자연을 개발하고 생태계를 훼손해서 얻는 이익과 즐거움이 과연 그 생명들을 희생할 만큼의 가치가 있는 것일까요? 우리가 누릴 작은 편안함을 위해서 다른 생명체를 희생시키는 것이 바른 길이냐 하는 것입니다. 부처님은 그것을 말씀해 주고 계십니다.

53
당신의 의무

여러분이 부처님의 가르침을 만난 것은 여러분 혼자의 힘으로 된 것이 아닙니다. 부모님의 헌신과 이웃의 도움, 스승들의 가르침이 얼마나 많이 필요했겠습니까? 또 얼마나 많은 생명체를 희생해서 먹고 생명을 유지해 지금 부처님의 가르침을 만났겠습니까?

여러분은 이 순간, 그 수많은 생명체들의 온갖 바람과 헌신을 동시에 받고 있는 것입니다. 그러니 조금 힘들더라도, 조금 어렵고 싫더라도 부처님의 가르침을 실천하고 배워 자신이 배운 진리를 그들에게 가르쳐 줄 의무가 있습니다.

54
액운과 장애

액운은 불행과 고통을 가져다주는 운수이며 반대는 행운, 길운입니다. 장애는 자신이 얻으려는 행복의 조건이나 대상을 성취하지 못하게 방해하는 것을 말합니다. 액운이나 장애 둘 다 자신이 얻으려는 행복을 방해하거나 현재 지니고 있는 행복을 빼앗는 것이죠. 즉, 행복이라고 여기고 욕망하고 집착하는 대상을 얻는 일을 방해하거나 이미 얻은 것을 빼앗는 것이죠.

액운, 장애의 원인은 무엇일까요? 과거에 행한 자신의 악업입니다. 그 악업의 흔적이 지금 자신에게 액운을 가져다줍니다. 악업은 왜 짓게 되었을까요? 어리석음으로 인해 그 행위가 행복을 줄 것이라고 착각했기 때문이죠. 바로 탐진치 삼독 때문인 것입니다. 액운, 업장 등은 우리에게 고통과 불행만 가져다주는, 버리고 끊고 소멸시켜야 할 나쁜 것일까요? 아닙니다. 가만히 성찰해 보면 액운이나 업장은 자신이 지은 과거의 악업을 스스로에게 일깨워 그 악업이 행복이 아닌 고통임을 알게 하고, 더 나아가 그와 같은 행위를 반복하지 않게 하는 학습의 과정입니다. 자신에게 고통을 주려는 것이 아니라 잘못을 고쳐 바른 행복의 길로 나아가게 하려는 스스로의 정화 작용인 셈이죠.

자, 그럼 액운을 물리치는 방법으로는 무엇이 효과적일까요? 새해맞이 업장 소멸 발원을 하는 것, 새해 신수를 보고 액막이 비방을 하는 것, 부적을 쓰는 것, 부처님께 액운 소멸 기도를 하는 것? 이 모두는 액운의 원인과 근본 모습을 모르고 액운을 회피하고자 하는 어리석음에서 비롯된 행위입니다. 행운이나 액운이 자신과는 별개로 운명에 주어진다고 여기는 것이죠. 그래서 다른 어떤 초월적인 힘을 빌려서 행운을 주거나 액운을 없앨 수 있다고 생각하는 것입니다.

행운과 액운은 현재 이전의 자신의 선업과 악업에서 비롯합니다. 선업과 악업의 원인은 탐진치 삼독심이고요. 삼독심이 적으면 선업을 짓고 선업은 행운을 가져다줍니다. 탐진치 삼독심이 치성하면 악업을 행하고 악업은 액운, 장애를 가져다줍니다. 자작자수自作自受, 내가 짓고 내가 받을 뿐입니다. 좋은 운을 얻는 방법은 선업을 짓는 것이며 이는 탐진치 삼독을 버려 가는 것입니다. 액운을 소멸하는 가장 좋은 비방은 악업을 짓지 않는 것이며 이는 삼독심을 버려 가는 것입니다. 행운, 악업 이 두 가지는 삼독심이 많고 적음에 따라 결정됩니다. 최고의 행운을 얻는 비방도, 최악의 액운을 없애는 비방도 바로 욕망과 집착을 버리는 것이죠.

욕망과 집착을 버리는 방법 중 가장 쉽고 현실적인 것은 바로 보시입니다. 즉, 다른 생명체들에게 행복을 주는 것입니다. 보시를 실천하면 할수록 자연히 지계와 인욕이 갖추어지며, 행운은 점점 많이 오고 액운은 줄어들게 되죠. 더 많은 행운을 얻고, 더 빨리 액운을 소멸하려면 더 많은 보시를 실천하면 됩니다. 그것을 더욱 가치 있는 보시라 합니다. 최고의 가치를 지닌 보시는 바로 이와 같은 내용을 다른 사람, 다른 생명에게 알려 주는 것입니다. 우리 모두 부처님의 진리를 더욱더 많이 배우고 실천하기를 발원합시다.

55
무엇과 맞바꾸려는가

우리는 살아가면서 귀중한 자신의 생명을 소진하며 그 순간 가장 필요하다고 여겨지는 무언가를 선택하고 실천합니다. 자신도 모르게 매 순간 자신의 생명과 교환하는 셈이지요. 열심히 일하면서 혹은 잠을 자면서, 잡담하면서, 누구를 질투하고 비방하면서, 걸어가면서, 전화하면서, 식사하면서, 내일의 욕망과 집착을 성취할 것을 다짐하면서, 커피를 한 잔하면서 혹은 그저 무의미하게, 무료하게. 수만 가지 일상사 어느 하나 공짜는 없습니다. 가장 비싼 자신의 생명으로 값을 치르고 있죠.

생명을 멈추거나 되돌리거나 늘릴 수는 없습니다. 이 순간 삶의 소진을 멈출 수 있는 방법은 없습니다. 생사윤회를 하고 있는 중생인 이상 말입니다. 그래서 우리는 끊임없이 순간순간 이 생명을 무엇인가와 교환해야 하는 것이지요. 이왕지사 매 순간 소진할 수밖에 없다면 보다 가치 있게 교환해야 하지 않을까요? 그렇다면 가장 가치 있는 교환은 무엇일까요? 부처님의 가르침을 배우고 실천함에 순간순간 생명을 소진해 가는 일입니다. 매 순간 모든 조건을 이용해 생각과 말, 행위를 통해 깨달음을 얻고자 최선을 다해야 합니다. 이것이 우주법계 최고의 생명 교환입니다. 여러분은 지금 무엇을 위해 생명을 소진하고 있나요?

56
그 귀한 것을

보다 편리하고 안락하게 살고자 하는 욕망이 지구의 환경을 오염시키고 있습니다. 그래서 기상이변이 일어나고 다시 우리에게 고통으로 다가오죠. 우리가 얻으려고 한 행복이 이기적인 욕망에 의해 오히려 불행을 가져오고 있습니다.

요즘 잘사는 나라 국민의 가장 큰 질병이 무엇입니까. 바로 비만입니다. 비만이 모든 병의 근원이 되고 있습니다. 비만은 왜 생겼을까요? 탐욕으로 인해 생겼습니다. 더 맛있는 음식을 많이 먹으려 하다 보니 비만을 불러온 겁니다.

이와 마찬가지로 우리가 가지고 있는 탐욕에서 얻어지는 즐거움과 행복은 결국에는 고통을 가져다줍니다. 보다 더 영원하고 보다 더 높고 완전한 행복에 이르기 위해서는 나누어야 합니다. 내가 가지고 있는 욕망을 버리고 줄이는 것이 진정한 행복을 얻는 지름길입니다. 그리고 이를 현실적으로 실천할 가장 좋은 방법이 바로 나눔입니다. 생명이란 이 생의 살아 있는 생명체에게 가장 귀한 것입니다. 나도 귀하고 남도 귀하지요. 그 귀한 것을 나누어 주는 겁니다. 그렇게 귀한 것을 다른 이가 더 누릴 수 있도록 배려하는 겁니다. 그러니 나눔 중 가장 가치 있고 고귀한 것이 생명 나눔입니다. 생명을 나눈다고 해서 당사자의 생명을 가져가는 것이 아닙니다. 뇌사자나 사망한 지 몇 시간 지나지 않은 사망자들의 장기를 비롯해 조직, 뼈, 각막 등…. 내가 이미 다 쓴 것을 통해 누군가에게 새롭고 보다 안락한 삶을 줄 수 있는 것이 생명 나눔입니다.

그런데도 우리는 두려워하고 회피합니다. 그것은 육신에 대한 집착 때문입니다. 육신에 대한 집착이 근원이 되어 우리는 윤회고를 돌고 있습니다. 쓰고 남은 것을 나누어 주는 것조차 두려워하고 공포심을 갖고 싫어하다니요. 그러면서 어떻게 생사를 벗어날 수 있겠습니까. 생사를 벗어난다 함은 지금 이 순간 죽음이 나에게 영향력을 전혀 미치지 않는다는 뜻입니다. 죽고 나서 시신조차 남에게 주기 싫어하는데 어떻게 생사를 벗어나겠습니까?

부처님의 진리는 지금 살아서 움직이는 이 현실에서 찾아내 실천하는 겁니다. 그것이 부처님의 진리입니다. 부처님의 진리는 경전 속에, 불상 속에 있지 않고 지금 이 현실 속에 있습니다.

57

꽃

우리 인생의 꽃은 무엇일까요? 참다운 꽃은 향기와 아름다움을 주고, 지고 나면 튼실한 열매를 맺습니다. 우리가 꽃이라 여기는 것들에 향기와 아름다움이 깃들어 있는지요? 우리가 그토록 얻고 싶어 하는 것들은 대부분 악취와 추함으로 가득 차 있습니다. 또한 지고 나면 행복의 튼실한 씨앗이 아니라 고통과 불행의 씨앗을 무르익게 만듭니다.

그렇다면 우리의 꽃은 무엇일까요? 깨달음입니다. 깨달음은 나와 너, 우리를 넘어 뭇 생명들에게 행복의 그윽한 향기를 주고 기쁨의 아름다움을 무한히 줍니다. 그리고 해탈이라는 튼실한 열매를 맺게 하지요. 깨달음의 꽃을 피우기 위해 매 순간 애써야 합니다. 저 풀과 나무들이 꽃을 피우기 위해 끊임없이 단 한순간도 쉬지 않고 노력하는 것처럼.

58

기도

많은 분들이 기도하면서도 불보살님이 아닌, 오직 원하는 목적에만 관심을 가집니다. 부처님의 사진이나 불상을 앞에 두고 기도하지만 실상은 여러분의 욕망에다 기도를 하는 것과 같습니다. 이런 식의 기도는 부처님의 가피가 없을 뿐더러 소원 성취를 이루기도 어렵습니다.

가장 올바른 기도는 불보살님의 형상을 통하여 바로 진불眞佛인 나 자신의 청정무구심에 귀의하고 헌신하는 것입니다. 여러분이 알고 있는 어떠한 불보살도 진불이 아닙니다. 그것은 단지 여러분을 모양도 형상도 빛깔도 냄새도 맛도 느낌도 없는 진정한 부처로 이끌기 위한 나침반일 뿐입니다.

59
나를 비우고서

마음을 모으고 일념으로 하는 기도보다 더 중요한 것이 나를 비우고 하는 기도입니다. 마음을 모으는 행위는 나를 비우지 않고서는 이루어질 수 없거든요. 또 나를 비우기 위해 더 필요한 자세가 나를 낮추는 것인데 내가 아상으로 가득 차 있는 한, 아무리 진주 같고 보석 같은 부처님의 말씀이라 할지라도 들어오지 않습니다. 나를 낮추고, 중생심이나 욕망 등을 버리지 못한 내가 참으로 지혜가 없는 어리석은 존재라는 점을 인정해야 합니다.

이렇게 나를 낮추고 비워 부처님과 하나가 되어야 합니다. 그리고 마음이 순일해지면 우주에 무한히 존재하는 부처님의 파동과 내가 하나 됨을 명상해 봅니다. 그러면 부처님의 원력과 내가 공명하게 되고, 그럼으로써 소원이 성취되어 갑니다.

60
이미 많다

부처님께서 말씀하셨습니다. 인간의 몸 받기 어렵고, 불법佛法 만나기 어렵고, 불법 만나 실천하기 어렵고, 불법 만나 실천해서 깨닫기 어렵다고요. 여러분은 이미 인간의 몸을 받아서 불법을 만나고, 불법을 배워 이제 실천하려는 그리고 이미 실천 중인 분들이니 복이 아주 많은 사람입니다.

액운이나 업장은 자신이 지은
과거의 악업을 스스로에게 일깨워 그 악업이
행복이 아닌 고통임을 알게 하고,
더 나아가 그와 같은 행위를 반복하지 않게 하는
학습의 과정입니다.

다섯·
맺다

우리 모두는 불보살님의 화신입니다.

61
사랑받길 원한다면

내가 만나는 모든 사람이 나를 사랑해 줬으면 하고 바란다면, 매 순간 모든 것을 사랑하는 마음으로 비추면 됩니다. 지금 당장은 모든 것이 나를 사랑하지는 않습니다. 이전에 내가 미워했던 흔적들이 남아 있기 때문입니다.

그러나 새롭게 만나고 새롭게 대하는 것들은 사랑으로 만들어져 사랑으로 비춰질 것이고 사랑의 그림이 그려질 것입니다. 그리하여 새롭게 만나는 인연은 나를 사랑해 줄 것이며, 현재 이전에 만났던 인연에서는 서서히 미움이나 갈등이나 슬픔이 줄어들어 나에게 사랑을 줄 겁니다.

62

인과

세상의 그 무엇도 원인 없이 존재하는 것은 없습니다. 그게 인과법입니다. 다 스스로 지은 원인에 의해 결과를 가져옵니다. 지금의 결과는 이전에 내가 지은 원인으로 인한 것입니다. 지금의 결과를 원인으로 해서 미래에 또 다른 결과를 가져올 것입니다. 그런데 원인은 짓지 않고 결과만 바란다면 어떻게 행복할 수 있을까요?

63
운명

우리는 사주팔자를 두고 한탄하며 체념도 합니다. 또한 업의 쇠사슬에서 벗어나고자 철학관에서 부적을 받아 오거나 수백만 원을 주고 굿을 하거나 명산 계곡, 기암에 이름을 써 놓고 기도를 올리기도 합니다. 그러나 업은 바로 여러분의 가치 판단 기준이므로, 그 기준이 바뀌지 않는 한 피하거나 바꿀 수 없습니다.

업, 즉 운명을 바꾸고 싶습니까? 간단합니다. 선택 기준을 바꾸십시오. 부처님의 법에 비추어 보았을 때 내가 좋아해도 다른 생명체에게 고통을 준다면 그 선택은 하지 마십시오. 내키지 않더라도 다른 생명체에게 즐거움을 주는 일이라면 그 선택은 하십시오. 이것이 운명을 바꾸는 유일한 방법이자 가장 쉬운 방법입니다.

64
연등

부처님오신날 연등을 다는 것은 마음에 지혜의 등을 밝혀 무명의 어둠에서 벗어나라는 의미입니다. 마음의 빛을 삶에 비추어 원하는 행복을 잘 찾아 가라는 의미이죠. 마음속 지혜의 빛은 나를 행복으로 안내하고 가족, 이웃, 내 주변의 모든 생명에게 기쁨과 행복을 줍니다.

마음속 행복의 등, 기쁨의 등, 환희의 등을 밝히고 그 빛을 주위의 생명에게 비춰야 합니다. 그리고 더 나아가 자신을 빛으로 만들어 가야 합니다. 아니, 본래 빛인 나 자신을 찾아야죠. 욕망과 집착의 어두운 구름을 걷어내고 빛의 몸을 드러내 나와 가족, 이웃, 우주법계 모두를 비추어야 할 것입니다.

65
불보살의 화신

우리 모두는 불보살님의 화신이며 사찰은 불국토입니다. 아직 덜 완성된 화신이며 미완성인 불국토이지만 언젠가 시방법계의 모든 불보살님들이 항상 칭송하고 모든 법계 중생이 환생하기를 발원하는 대광명 불국토가 될 것입니다.

어떤 이는 허황되다 할지 모릅니다. 그러나 저는 확신합니다. 그리고 꼭 이루고 말 것입니다. 우리가 왕생을 발원하는 극락세계 또한 무수겁 세월 전 아미타부처님께서 법장 비구였을 때 발원한 바가 성취된 것입니다.

사실 우리는 불보살님의 화신일 때보다 중생의 모습을 보일 때가 더 많습니다. 성내고 미워하고 질투하고 집착하고 욕심내고 어리석고…. 그러나 하루 중 단 한 번이라도 부처님의 마음과 언어와 행위를 드러냈다면 그 화신임에 틀림없습니다.

66
사랑

부처님이 여러분에게 사랑을 주거나 행복을 주는 것이 아닙니다. 여러분의 본래 바탕이 부처이기 때문에 사랑으로 세상을 비춰야만 여러분도 사랑을 받습니다.

67
수행의 모습

수행을 하기 위해서는 내가 지금 알고 확신하는 데서 시작해야 합니다. 지금 아는 것, 확신하는 데서 출발하지 않으면 다 허공에 떠 있는 겁니다. '부처님이 그렇게 말했으니, 어느 스님이 그렇게 말했으니 맞을 거야.' 하고 믿다가는 언젠가 그 생각이 무너집니다. 직접 경험해서 확신하면 거기가 출발선입니다. 그 지혜와 지식을 통해, 경험을 통해 끊임없이 '왜지?' 하면서 부처님의 가르침을 탐구해 나가는 것이 수행의 모습입니다. 이런 수행은 흔들림이 없습니다. 그렇게 한 발, 한 발 나아갔을 때 완전한 수행이 가능합니다.

68
백중기도를 올릴 때

목련 존자께서 도道를 이루시고 하루는 어머니가 어느 곳에 계신지 관觀했습니다. 신통제일 목련 존자가 살펴보니 어머니가 아귀계에 계신 것입니다. 이에 목련 존자는 신통을 발휘해서 아귀계에서 어머니를 구하려고 노력했으나 구할 수가 없었습니다. 목련 존자가 슬피 울면서 석가모니 부처님께 말했습니다. "부처님, 제가 아무리 노력해도 어머니를 도저히 천도시킬 수 없습니다. 어떻게 해야 좋습니까?"

부처님께서는 "평소 너희 어머니의 생활 습관이 어떠하였느냐?" 하고 되물으셨습니다. 목련 존자께서 "어머니께서는 작은 물고기, 자라 등 살아 있는 물고기를 산 채로 먹기를 좋아했습니다."라고 말씀드리자 "너희 어머니는 살생업연으로 아귀계에 태어났다. 따라서 너의 신통으로도 구제할 수 없다. 안거가 끝나는 날 많은 수행자들이 모여 있을 때 대중 스님들에게 필요한 의약, 음식, 옷가지 등 필수품을 보시하면 그 공덕으로 어머님이 천상에 태어날 것이다."라고 말씀하셨습니다.

목련 존자는 안거가 끝나는 날 수행자들에게 필요한 갖가지 물품을 공양하였습니다. 그 후 목련 존자가 관觀해 보니 이미 어머니께서는 천상에 태어나 있었습니다. 또한 어머니 주위에 있던 다른 많은 영혼들도 다 같이 천상에 태어나 있었습니다.

이것이 우란분절의 유래입니다. 이날 조상님과 우리와 인연 있는 모든 영혼들이 다 같이 고통스러운 삼악도에서 벗어나서 극락이나 천상 등 윤회계의 좋은 곳에 태어나기를 발원하는 마음으로 기도하고 재를 올립니다. 우란분절은 백중이라고도 합니다. 수행자들에게 백 가지 공양, 즉 갖가지 음식, 책, 경전 등을 올린다는 의미로 백중이라 일컫습니다.

그럼 백중기도는 어떻게 해야 옳을까요? 개인이 수행하기 좋은 기도 방법은 첫째, 매일 108배라도 하는 것입니다. 이 기도만큼은 순수하게 나와 인연 닿은 모든 존재가 보다 행복한 곳에 태어나길 발원하면서 하는 것이 좋습니다. 300배, 천 배도 좋습니다. 기도는 지장기도를 하는 게 좋습니다. 지장보살님의 원력이 삼악도에서 고통받고 있는 중생을 구제하는 것이기 때문입니다.

둘째, 49일이나 21일 동안 하루에 한 가지씩 선행을 하는 것입니다. 선행의 공덕으로 나와 인연 있는 모든 존재가 보다 나은 세계에 가기를 발원하면서 매일 한 가지씩 다른 이에게 행복을 주십시오. 또는 매일 돈을 조금씩 모았다가 고통받는 이웃에게 쓰는 일도 좋습니다.

셋째, 즘부다라니를 매일 49독 하는 것입니다. 그 공덕으로 나와 관련 있는 모든 인연이 더 나은 세계에 가기를 발원하는 것입니다.

이 방법들을 따라 하기 힘들다면 『지장경』을 하루 한 번씩 읽어도 좋습니다. 그것도 하기 힘들다면 하루에 삼 배씩 하면서 아침저녁으로 발원만이라도 하는 겁니다. 이것이 진정한 공덕이 되고 나와 인연 있는 영들에게 더 큰 행복의 세계로 갈 자양분이 됩니다. 여유가 있다면 조상님들의 합동 천도재를 지내는 것도 좋습니다. 그러면서 참회하고 발원하고 회향해야 합니다. 그것이 바로 백중이 갖는 참다운 의미라고 생각합니다.

사실 육도윤회는 마음의 환영幻影에 불과합니다. 자신을 깨우쳐서 어리석음에서 벗어나게 하는 환영에 불과한 것입니다. 그 환영을 진실로 깨달았을 때 여러분과 인연 있는 모든 영혼은 행복의 세계로 갈 수 있습니다.
그것이 부처님의 진실된 법이기도 합니다. 다가오는 백중에는 실천해 보십시오.

69

수행자

절에 오래 다녔다고, 선방에 오래 앉아 있었다고 수행자가 아닙니다. 천 년을 살았든 백 년을 살았든 하루를 살았든 꿈을 깨지 못하면 똑같습니다.

수행도 같습니다. 오랫동안 절에 다녔다고 해서, 오래 수행했다고 해서 우월한 것 전혀 없습니다. 그만큼 마음의 변화를 가져와야만 월등하고 지혜 있는 사람입니다. 어떤 사람이 하루 만에 꿈을 깨었다면 천 년을 산 사람보다 훨씬 지혜 있고 뛰어난 사람입니다. 나이가 한 살이든 두 살이든 지혜가 있어 어리석음에서 벗어나 있으면 그 사람이 나의 스승이요, 내가 본받아야 하는 사람입니다.

그러니 절대 우월하지 않습니다. 자랑하지 마십시오. 자랑할 것이 하나도 없습니다.

70
바른 행복을 얻다

불행의 위험이 없는 올바른 행복을 얻으려면 불보살님의 원력에 마음의 문을 열어야 합니다. 부처님의 가르침, 불보살님들의 명호名號, 불보살님의 원력과 같은 실천, 더 나아가 모든 불보살님들의 고향인 진여자성, 즉 참나에 관심을 기울여야 합니다. 이는 마음으로는 불보살님을 생각하고 입으로는 명호를 암송하고 몸으로는 원력에 따라 실천하는 것입니다. 이것이 바른 행복을 얻는 가장 빠르고 확실한 길입니다. 이런 방법을 우리 일상에 적용한다면 행복과 기쁨은 주위에 항상 가득 찰 것입니다.

71
열매

저 푸른 하늘에 비추어 봅시다. 영글어 맺고자 하는 열매가 속이 빈 쭉정이인지, 이미 썩은 낟알인지, 토실토실 영근 알맹이인지를 말입니다.

쭉정이는 무가치하며, 병들고 썩은 열매는 나와 남 모두를 고통 속에 몰아넣을 것입니다. 반면 튼실하게 영근 낟알은 나와 남을 행복하게 하고 온 우주의 모든 생명들에게 참다운 행복을 가져다줄 무가지보 無價之寶입니다.

오직 부처님의 진리만이 흠 없이 완전한 열매를 가져다줍니다. 보다 빨리, 보다 안전하게, 보다 확실하게 말입니다.

72
알아차리다

이제는 알아차려야 하지 않을까요? 미망에서 벗어나야 합니다. 몇 십 년을 미망 속에서 헤맸으면 충분하지 않나요? 몇 십 년만 이렇게 살았을까요? 이 순간이 오기까지 지금의 삶을 수억만 번 반복했습니다. 심지어는 '내가 복이 없어서 그래. 누구는 부모를 잘 만나서 복을 얻었고 누구는 남편을 잘 만나서, 부인을 잘 만나서 복을 얻었지만 나는 복이 없어.'라고 합니다.

복이 없음을 알면 복이 왜 없는지, 복이 있고 없고의 차이는 무엇인지, 복의 원인은 무엇인지 열심히 성찰하고 원인을 분석해서 복을 지어야 하지 않을까요? 복 없음을 원망하면서도 우리는 끊임없이 복 없는 행동만 골라서 합니다.

우리가 원하는 행복을 가장 쉽고 빠르게 얻을 수 있는 방법은 무엇일까요? 바로 부처님의 가르침입니다. 부처님의 가르침은 원하기만 하면 항상 내 주위에 와 있습니다.

이제 삶이 얼마 남지 않았습니다. 계절이 여름이었다가 어느 순간 겨울이 오는 것처럼 말이지요. 이 삶에서 여러분이 원하는 것을 다 얻었다 하더라도 그 행복을 지속시킬 수는 없습니다. 생로병사의 고통과 불행으로부터 우리를 지켜 줄 수 없습니다. 오직 부처님의 가르침을 배우고 실천하는 것만이 미래의 행복을 약속할 수 있습니다.

73
가을

우리는 항상 바랍니다. 자신이 더 열심히 할 수 있는 조건, 자신이 부처님의 가르침을 더 잘 받아들일 만한 조건, 훌륭한 선지식 등. 하지만 결실을 맺기 위한 조건이 지금보다 더 좋아질 리는 없습니다. 현재보다 더 나은 시기와 더 좋은 조건은 존재하지 않습니다. 지금 실천해야만 다음에 원하는 조건들이 이루어집니다. 각자 자신의 조건은 지금, 여기입니다. 우리의 결실은 업식의 결실입니다. 행위의 결과가 결실이 아니라, 자신이 한 행위의 기억이 결실이라는 말입니다. 그렇게 나에게도, 남에게도 행복을 주려는 마음을 순간순간 실천했을 때 여러분의 마음속에 그 기억이 차곡차곡 쌓입니다. 이것이 바로 결실입니다.

머지않아 늦가을입니다. 수행하기 가장 좋은 계절이지요. 저 푸른 하늘은 우리 마음의 자성과 같이 구름 한 점 없고, 산과 들은 끊임없이 무상함을 들려줍니다. 부처님의 가르침을 배우고 실천할 아주 좋은 계절입니다. 기다리지 마세요. 내일을 준비하지 마세요. 지금 여기서 실천해야 내일이 있습니다.

74
생사와 재의식

백중기도 외에 사십구재, 천도재, 다례재 등 아마 불교만큼 사후의 영혼들을 위한 의식이 다양한 종교도 없을 것입니다. 왜일까요?
첫째, 불교는 윤회를 가르치는 종교이기 때문입니다. 둘째, 삶과 죽음에 대한 인식 때문입니다. 불교에서는 삶과 죽음을 본래 같은 것으로 보고 있습니다. 삶이란 죽음의 또 다른 모습이요, 죽음이란 삶의 또 다른 모습인 것이죠. 삶과 죽음이란 나라는 존재가 필요에 의하여 변해 가는 과정입니다. 궁극적 목적은 완전한 행복, 즉 해탈입니다.
셋째는, 죽음이 중생들에게 가장 큰 고통이라는 것입니다. 자신이 살아오면서 사랑한 가족, 친구, 친지, 평생 애써 모아 놓은 재산, 아끼던 물건, 가장 집착했던 육신까지 본인의 의지와 상관없이 빼앗기게 되니까요. 재의식에는 그러한 엄청난 절망과 고통과 공포와 슬픔을 경험한 영혼들을 거기에서 하루빨리 벗어나게 하고자 하는 발원과 자비심이 담겨 있습니다.

넷째는, 그 고통에 허덕이는 대상들이 나의 부모, 형제, 부모의 부모, 일가친척, 더 나아가 나와 인연 있는 중생이기 때문입니다. 그러니 지금의 나의 생명, 행복을 주신 그분들을 위해 약간의 시간과 재물, 노력과 땀을 나누어 드리는 것은 마땅한 도리가 아닐까요?

75
결실

나도 이롭고 남도 이로운 결과를 얻었을 때 결실이라 합니다. 나도 해롭고 남도 해로운 것에는 결실이란 말을 쓰지 않지요. 이 삶의 마감일이 눈앞에 와 있는데 아직도 돈 버는 데만 관심이 있지는 않은지, 혹시 내게 이롭다면 남에게도 이롭다고 착각하지 않았는지, 스스로 합리화하지는 않았는지 뒤돌아봐야 합니다.

곡식은 죽어 낟알을 남기고 인간은 죽어 업식을 남깁니다. 그 업식 중 나도 이롭고 남도 이롭게 한 기억이 얼마만큼 되는지가 여러분이 이 삶에서 이룬 결실입니다.

저 푸른 하늘은
자성과 같이 구름 한 점 없고,
산과 들은 끊임없이
무상함을 들려줍니다.
내일을 준비하지 마세요.
지금 여기서 실천해야 내일이 있습니다.

여섯 · **버리다**

어려울수록 기도하십시오.

76
노예

주인인 참나를 모르는 사람은 몸의 노예, 몸이 구하고자 하는 물질의 노예, 구하고자 하는 욕망의 노예 그리고 그것을 얻기 위한 돈의 노예가 됩니다. 노예가 되지 말고 주인의 삶을 사십시오. 그것이 마음의 주인공인 나의 삶을 사는 겁니다. 그 나의 완전한 모습을 '참나'라 하고 진여자성이라 말합니다. 영원하고 완전한 행복이지요.

77
텅 빈 거울

법신, 즉 진여는 이 우주를 다 비추는 텅 빈 거울에 비유할 수 있습니다. 텅 빈 거울은 아무 형상 없이 비어 있지만 그곳에 비추면 비추는 대로 삼라만상이 거울 속에 존재하게 됩니다. 거울에 나타난 형상도, 형상이 없는 빈 공간도, 맨 처음 형상을 비추기 전의 텅 빈 거울도, 모두 거울일 뿐입니다. 이와 마찬가지로 진여는 모든 언어와 형상을 넘어 텅 비어 있으나 우리 중생들이 업을 비추고 의식을 비추면 의식 속에 존재하는 우주 삼라만상이 나타나게 되는 것입니다.

다시 말해서 텅 빈 진여도 법신이요, 그곳에 비친 삼라만상도 진여라는 것입니다. 이 우주법계에 법신 아님이 아무것도 없다는 말입니다. 그래서 부처님께서 일체유심조一切唯心造라 하셨습니다. 길가의 이름 모를 작은 풀, 우리가 혐오하는 뱀이나 지렁

이, 벌레, 발끝에 차이는 작은 돌, 모래 하나에도 진여가 있습니다. 진여, 불성이 일부 숨어 있는 것이 아니라 진여 그 자체인 것입니다. 인간뿐 아니라 존재하는 모든 것이 법신입니다.

78
이 순간

부처님이 살아 계실 당시에 '앙굴리말라'는 수백 명을 죽인 살인마였습니다. 그러나 부처님께 귀의하여 모든 것을 참회하고 아라한이 되었지요.
우바리 존자는 석가족의 천민이었습니다. 부처님께서 우바리 존자를 출가시키자 많은 국왕과 귀족, 제자 들이 반대했습니다. 그러나 존자는 훌륭한 제자가 되었고 부처님 열반 후 계율을 암송하여 오늘날까지 부처님의 진리가 전해질 수 있게 했습니다.
우리 모두는 순간순간 변해 갑니다. 지금 이 순간의 모습은 과거의 내가 아닙니다. 누구의 행복을 얻는 데에도 도움 되지 않는 과거의 흔적으로 삶을 본다면 매우 어리석은 일. 우리가 미래의 행복을 꿈꿀 수 있는 것은 과거, 현재, 미래가 변하기 때문입니다.
과거의 망령에서 벗어나 현재의 삶을 직시하십시

오. 과거는 존재하지 않습니다. 내 마음속의 기억된 정보일 뿐입니다. 미래 역시 존재하지 않습니다. 마음속의 상상일 뿐이죠.

어리석은 사람은 현재를 3~4년 혹은 근래의 10년 정도로 봅니다. 더 어리석은 사람의 현재는 자신의 마음속에 기억된 모두일 테지요. 지혜로운 사람은 현재를 순간이라고 여길 것이고 수행자는 지금 이 순간이라는 것 역시 마음에 비친 허상임을 알아차립니다. 현재도 끊임없이 변하는 허상인데 하물며 과거의 허상에 집착하다니, 이 얼마나 어리석은 짓인가요?

79

어려울수록

어려울수록 기도하십시오. 사업이 잘 안 되시나요? 아이가 공부를 안 하나요? 생활이 어렵고, 사는 게 버겁고 우울하신가요? 오히려 더 열심히 기도하십시오. 내일을 위해 뭔가를 배우거나 실천하고 자격증을 따는 일 등이 지금으로서는 더 중요할 것 같지만 사실 가장 중요한 것은 근본인 내 마음을 바꾸는 일입니다. 마음이 바뀌어야 주변이 따라서 바뀝니다. 이 마음을 바꾸는 것이 기도이지요. 그래서 기도해야 합니다.

80
반야

중생계에 존재하는 한 우리는 끊임없이 구할 수밖에 없습니다. 왜냐하면 멈출 수 없는 그 마음, 그 상태가 바로 중생계이기 때문입니다. 지금 이렇게 끊임없이 갈망하는 이 마음이 중생계의 근원입니다. 구하고자 하는 마음이 실재하지 않음을 알아 벗어나는 것이 깨달음의 근원입니다. 이것이 반야般若입니다.

81
행복의 종류

행복도 종류가 다양하지요. 가장 낮은 차원의 행복은 원하는 돈을 많이 벌고 좋은 집을 사는 것, 맛있는 음식을 먹고 원하는 물건을 사는 등의 조건을 갖추는 겁니다. 가장 낮고 가장 가치 없는 행복입니다.

두 번째 행복은 이 삶 전체의 행복을 구하는 것입니다. 뭐니 뭐니 해도 건강하고, 가족 간에 화합을 도모하고, 함께 이야기하고, 친분을 쌓고, 친구들을 자주 만나는 것이 중요하다고 합니다. 그런데 여기에도 문제가 있습니다. 그렇게 해도 생로병사를 겪을 수밖에 없다는 거예요.

세 번째 행복이 있습니다. 이 생에서 조금 힘들지만 열심히 노력해서 마음의 행복을 구하거나 다음 생에 저 천상 세계의 행복을 구하는 것입니다. 인간 세계에서 최고의 왕후장상이나 대기업 회장이라 할지라도 그가 얻는 행복은 천상 세계에 사는 가장 낮은 천인만 못합니다. 천상 세계의 행복을 구하려면 내가 힘들고 어렵더라도 주위의 사람들에게 행복을 주고자 하는 삶을 살아야 합니다. 그런 사람은 삶 속에서는 행복을 만들고 삶을 마치고 나서는 아주 오랜 기간 행복을 얻게 되죠.

또 다른 행복이 있습니다. 가장 수승한 행복입니다. 깨달음을 얻는 행복이지요. 행복이 더 이상 필요하지 않습니다. 천상 세계의 행복을 누린대도 시간이 지나고 나면 다시 생로병사를 겪어야 하고, 죽음을 겪어 내야 하거든요. 윤회를 벗어날 수 없기 때문이죠.

가장 수승한 행복은 다시는 생로병사가 없는 행복입니다. 즉 해탈이죠. 그 행복을 어떻게 얻을 수 있을까요? 여러분이 지금 하는 모든 일을 생로병사에서 벗어나기 위한 마음으로 실천하면 됩니다. 그 마음을 실천하는 방법은 무얼까요? 나도 실재하지 않고 대상도 실재하지 않고 우리가 아는 모든 것이 환영임을 끊임없이 일깨워 주는 겁니다. 그러면 여러분은 다시는 생로병사가 없는 세계, 가장 완전하며 가장 영원한 행복을 얻을 수 있습니다.
이 네 가지 중 여러분은 무엇을 얻고 싶으신가요?

82
『반야심경』의 가르침

『반야심경』은 크게 세 부분으로 이뤄져 있습니다. 첫째는 공空입니다. 공은 '실체가 없다.'라는 말입니다. 『반야심경』은 한마디로 오온개공五蘊皆空에 대한 이야기입니다. "색수상행식色受想行識이 다 공空하다."고 말하고 있지요.

우리가 외부의 대상들이 존재한다고 여기는 것은 모두 색수상행식을 거쳐서 내가 인식한 상태일 뿐입니다. 주체인 나라는 존재 역시 색수상행식의 과정을 통해 나라고 입력된 결과입니다. 색色은 밖에 사물이 있다고 여기는 것입니다. 수受란 그 사물을 안이비설신의라는 감각기관을 통해 받아들이는 것을 말합니다. 감각이 들어오면 우리는 그 감각을 처음 보는 것이 아닙니다. 내 마음에 저장된 경험을 통해서 알게 됩니다. 그래서 그 이미지를 떠올리지요. 현재 이전에 경험된 기억을 통해 만들어 낸 이

미지를 상想이라 합니다. 상이 떠오르면 이것이 나에게 이익이 될지, 손해가 될지, 즐거움을 줄지, 고통을 줄지 분별하고 분석합니다. 불편을 준다면 버리려고 들 것입니다. 이러한 실천이 바로 행行입니다. 여기까지가 색수상행色受想行입니다.

자, 이제 행복을 얻었습니다. 그런데 처음 색色을 본 뒤, 수受를 느끼고 상想을 통해 알아차리고 행行을 통해 분별하고 실천한 이 모든 것이 기억이 되었습니다. 여러분의 이전 행동들을 살펴보세요. 여러분의 기억일 뿐, 어느 하나 실체가 없습니다. 이것이 바로 식識입니다. 그래서 "색수상행식이 다 공"이라고 말하는 겁니다. 『반야심경』은 실체가 없는 허상에 집착하지 말고 공을 깨달으라고 말해 주고 있습니다.

그리고 『반야심경』은 둘째로, 반야바라밀다般若波羅

蜜多에 대해 이야기합니다. 이러한 공을 깨닫기 위해서는 반야바라밀다를 실천해야 합니다. 여기서 '반야'는 지혜, '바라밀다'는 그 지혜를 통해서 윤회를 넘어서 깨달음의 세계로 가는 방법을 뜻합니다. 반야바라밀다는 말 그대로 지혜를 통해서 깨달음에 이르는 길이고, 그 지혜의 핵심은 공입니다.

마지막 셋째 부분은 바로 반야바라밀다주呪입니다. 이는 반야바라밀다를 이루기 위한 주문이지요. 반야바라밀다의 주呪인 "아제아제 바라아제 바라승아제"는 '가자. 가자. 다함께 저 언덕으로.'라는 뜻입니다. 저 언덕은 바로 피안입니다. 현실 세계에서 나와 우리가 함께 가장 완전한 행복에 이르기를 발원하면서 행복을 주는 것. 이것이 바로 『반야심경』의 가르침입니다.

83
원력

욕망은 자신의 만족과 행복을 위해, 다른 생명체들의 고통과 불행을 무릅쓰고라도 원하는 대상과 조건을 성취하려는 마음입니다. 이에 반해 원력은 자신의 만족과 행복을 위해 힘들고 어렵더라도 다른 생명체에게 행복과 기쁨을 주려고 하는 마음입니다. 그래서 원력은 이타적 보리심의 모습이라고 합니다.

사실 우리 중생들은 온전히 원력만 혹은 온전히 욕망만 가질 수는 없습니다. 완전한 원력은 제행무상諸行無常, 제법무아諸法無我, 일체개고一切皆苦의 삼법인三法印을 깨달은 불보살님들만이 갖출 수 있는 덕목입니다. 아상, 인상, 중생상, 수자상의 사상四相이 남아 있는 중생에게는 욕망과 원력이 함께할 수밖에 없겠지요. 이 삶의 여정과 생사 윤회의 경험을 통해 욕망보다 원력이 더 나은 가치, 더 완전한 행복임을 알면 되는 것입니다. 이러한 과정 중 가장 빨리, 가장 완전한 가치와 행복에 도착하는 방법이 바로 부처님의 가르침인 것입니다.

84
발원의 길

기도 시작에 앞서 발원할 때에는 정확하고 명확하게, 아주 강하게 온 우주의 부처님이 모두 내 마음을 듣고 내 마음에 귀를 기울일 수 있도록 강력하게 해야 합니다. 그리고 발원을 하고 나서는 오로지 그 부처님과 나의 합일만을 구해야 합니다.

부처님이란 우주에 존재하는 무한한 에너지입니다. 그 무한한 에너지를 받아들이기 위해서는 나와 부처님이 하나가 되어야 합니다. 부처님과 내가 합일되어 있지 않으면 부처님의 무한한 능력과 무한한 힘을 받아들일 수 없습니다. 정확하게 부처님과 일념이 될 수 있는 기도를 해야 합니다. 그렇게 해야 부처님의 무한한 힘이 내게 다가와 마음을 보다 더 강하고 명확하게 증폭시켜 줍니다. 그것이 곧 내가 구하는 소원을 더 강하게 만들어서 소원이 성취될 수 있도록 하는 것입니다.

발원 시에는 이루기를 바라는 소원과 함께 보다 더 큰 발원이 있어야 합니다. 예를 들어 "우리 아이가 그 학교, 그 학과에 가서 공부를 하고 원하는 직업을 얻었을 때 그것을 통해서 수많은 생명체, 더 나아가 인연 있는 모든 생명체를 위해서 헌신하고 그들을 위해 삶을 살아갈 기회를 주십시오." 하고 발원하는 것입니다. 나보다는 남을, 남보다는 우리를, 모두를 위해서 발원해야 부처님의 뜻과 부처님과 내가 합일되기가 더욱 쉽고 또한 부처님으로부터 가피를 받을 수 있습니다.

85
공덕의 길

부처님과 합일되고 부처님께 간절히 소원하고 더 큰 원력으로 발원했다면, 소원을 이루는 길에 씨앗을 뿌린 셈입니다. 이제 씨앗을 움 틔우고 잘 자라게 할 힘이 필요한데 그것이 바로 공덕입니다. 백화점에 가서, 나의 지혜로 좋은 물건을 고르고 원하는 물건을 찾아 계산대까지 왔는데 계산할 돈이 없으면 물건을 가질 수 없는 것처럼 공덕이 없으면 우리가 원했던 것을 쉽사리 성취할 수 없거든요.

그럼 공덕을 어떻게 지으면 좋을까요? 좋은 방법은 내 가족만의 행복을 바라고 우리 자식만의 합격을 바라는 것이 아니라 대한민국의 모든 수험생이 원하는 행복을 가지고, 합격해서 다 같이 행복하기를 바라는 것입니다. 그렇더라도 모두가 합격할 수는 없지 않느냐고 말씀하시겠지만, 중요한 것은 내 마음입니다. 내가 그들을 위해 축복해 주고 함께 나아가길 바라는 그 마음이 바로 공덕을 쌓게 해 줍니다. 지나가면서 스치는 작은 풀 하나, 작은 생명체 하나, 지나가며 마주치는 모르는 사람을 향해서도 그들이 행복하기를 발원하는 것. 이런 마음과 행위가 곧 우리에게 공덕과 축복을 가져다줍니다. 이 모든 일이 합쳐져 소원이 성취되는 것입니다.

86
새해

설날이 주는 행복의 핵심인 희망을 성취하려면 어떤 마음과 다짐이 필요할까요? 우선 지난 1년을 돌이켜보고 부처님 법에 비추어 벗어난 것이 없었는지 살펴보고, 벗어난 것을 스스로 부처님께 참회해야 합니다. 더불어 새해에는 생각하고 말하고 행동할 때마다 부처님의 가르침대로 실천하겠다는 발원과 다짐을 해야겠습니다. 그래야 희망의 축복이 현실의 축복으로 바뀔 수 있을 것입니다.

87
본래 마음

본래 마음은 그림이 그려지기 이전의 화선지처럼 텅 빈 바탕입니다. 지금 우리가 느끼고 알고 있는 마음은 모두 업으로 인한 그림이 그려진 화선지입니다. 이 그림이 모두 없어졌을 때 진정한 업장 참회가 이루어집니다.

88

무상

가을하면 제일 먼저 떠오르는 단어는 무상無常입니다. 제행무상. 가을은 바로 무상의 계절입니다. 보드랍게 돋아났던 연녹색 봄의 새싹들이 어느새 푸른 여름을 지내고 울긋불긋 단풍이 들어 곧 낙엽이 되겠지요. 여러분의 삶도 그쯤 와 있지 않나요? 가을하면 두 번째로 떠오르는 게 결실입니다. 특히 올해는 가뭄에 고생을 했지만 열매는 알차게 영글었습니다. 여러분은 올해 봄, 여름, 가을을 지나는 동안 어떤 결실을 맺었나요?

89
버림

꿈틀거리는 저 작은 벌레도 끊임없이 뭔가를 얻으려고 살아가고 있네요. 그 얻으려는 목적은 더 나은 행복이지요. 그런데 삶은 우리에게 끊임없이 생로병사의 고통을 가져다줍니다. 여러분이 한 해 동안 얻기 위해 살아 왔다면 그만큼 생로병사를 연장해 온 겁니다.

부처의 삶은 버리는 삶입니다. 구하려는 것이 아니라 구하려는 그 자체를 버리는 삶입니다. 여러분은 부처님보다 행복하지 않으면서 왜 끊임없이 얻기 위해서 사십니까?

90
구할 필요가 없는 삶

우리는 올해보다는 내년이 나을 거라는 희망을 품으며 삽니다. 만약 희망이 없다면 불행한 삶일 테지요. 그 희망이란 바로 행복일 것이고요. 혹시 원하는 행복을 얻지 못했습니까? 그렇다면 그 원인을 어디서 찾고 있나요?

원하는 욕망과 집착의 대상을 얻지 못했거나 갖지 못한 아쉬움이 남아서 새해에도 원하고 그 이후에도 그 조건을 원해서 구한다면 여러분은 이 삶 속에서 행복을 구할 수가 없습니다. 어두운 색깔을 칠하면 그림이 밝아질 수 없는 이치와 같지요. 어두운 색으로 꽃을 그리면 꽃이 어두워지고 검은색으로 태양을 그리면 검은 태양에 검은빛이 나올 뿐이에요. 행복이란 욕망과 집착을 줄이고 더 나아가 욕망과 집착을 버려서 얻는 것이지 욕망과 집착을 추구하고 얻어서 갖추는 것이 아닙니다.

어떤 그림을 그리는지가 중요한 게 아니라 어떤 색깔을 칠하는지가 중요합니다. 그 칠하는 색이 우리의 마음 바탕이에요. 행복을 만들어 가는 마음 바탕인지, 불행을 만들어 가는 마음 바탕인지가 그 사람의 행복을 결정하고 미래를 결정합니다.

존재하는 모든 것을 만들어 낸 사람은 바로 여러분 자신입니다. 여러분이 변화를 원한다면 그림을 새롭게 그려 보십시오. 이전에 그렸던 그림은 본래 존재하지 않거든요. 그림은 매 순간, 짧은 찰나에 그려지고 존재하지요.

그런데 왜 어제의 모습과 오늘의 모습과 내일의 모습이 같을까요? 여러분의 마음속에 어제의 모습이 각인되어 있어서 오늘을 그릴 때 그 모습을 통해 다시 그리기 때문입니다.

일신우일신日新又日新이라 했습니다. 항상 새롭지요.

단 한순간도 과거와 겹치지 않아요. 오늘이 과거의 연장선이라고 생각하는 것은 착각일 뿐이에요. 이 삶 속에서 행복을 구하고자 한다면 먼저 과거를 돌이켜서 참회하고 반성해야 합니다. 나는 열심히 일하고 노력해 왔는데 과연 행복을 위해서 한 행위인지, 아니면 내가 하는 행위들이 고통을 주는 원인인지를 스스로 찾아내 반성하고 참회하고 바꿔야 하지요. 이것이 일차적으로 내가 행복할 수 있는 방법입니다.

두 번째 방법은, 본래 행복이 있지도 않고 불행이 있지도 않으며 과거, 현재, 미래도 있지 않다는 것을 알아 가는 거예요. 행복을 구하고 불행을 버릴 것이 아니라 행복과 불행의 근본 성품을 알아서 내가 행복을 구하지도 않고 불행을 멀리하지도 않는 거지요. 구하는 마음이 없어 불행을 멀리할 필요도 없고 행복을 원하지 않으니 행복과 불행에서 벗어나게 되지요. 본래 내가 없으니 행복을 받을 나도 없고 불행을 받을 나도 없고, 대상이 존재하지 않으니 행복을 줄 대상도 불행을 줄 대상도 없습니다. 내가 없고 대상이 없고 불행이 없고 행복이 존재하지 않는다는 걸 알아야만 우리가 큰 고통으로 여기는 생로병사에서 벗어납니다.

오늘 이 순간, 이전에 한 일을 돌이켜보세요. 매 순간 스스로를 돌이켜보고 참회하고 새롭게 마음을 발원하세요. 과거를 돌이켜보면서 행복의 원인인 주위의 행복을 위해서 얼마만큼 노력했으며 불행의 원인인 욕망과 집착의 대상들을 얻기 위해서 얼마만큼 노력했는지 살피고 행복의 조건을 더 늘려 가려고 애써야 합니다. 매 순간 새롭게 그려 가는 것이지 과거는 본래 없어요.

마지막으로, 행복을 구하는 행위를 멈추십시오. 본래 행복도 불행도, 행복과 불행을 주는 대상도, 행복과 불행의 주체인 나도 실재하지 않는, 자신이 만든 허상이지요. 부디 스스로 만든 환영에 속지 마시길 바랍니다.

지혜로운 사람은
현재를 순간이라고 여길 것이고
수행자는 지금 이 순간이라는 것 역시
마음에 비친 허상임을 알아차립니다.

일곱. 돌아가다

생의 모든 비밀을 풀 열쇠가
바로 이 순간, 여기에 있습니다.

91
육신

참으로 현명한 사람이라면 몸이 있는 동안 최대한 선행을 하고 최대한 수행을 해야 합니다. 수행의 핵심이 뭘까요? 이 몸이 필요 없음을 아는 것입니다. 육신에 집착하면 할수록 육신의 지배를 받게 되고, 육신에 집착하기 때문에 윤회를 하게 됩니다. 나를 더 바르고 현명하게 만들려면 육신이 있는 동안 최대한 노력해서 선행을 쌓아야겠습니다. 육신을 위하지 말고 육신을 이용하라는 뜻입니다.

92
부귀영화

지금 무엇을 바라고 갈구하고 있습니까? 무엇이라도 부귀영화의 끈이 될 수 있다면 물불 가리지 않고 얻으려고 하지는 않는지요? 살피고 또 살펴야 합니다. 자신의 마음을, 언어를, 행위를.
부처님께서는 중생들의 이러한 어리석음을 경계하여 몸소 행으로 보여 주셨습니다. 태자로서 보장된 부귀영화를 헌신짝 버리듯 던지시고 진리를 찾아 수행하셨습니다. 중생들이 그토록 얻고 싶어 하는 부귀영화가 오히려 중생의 고통과 불행의 굴레임을 알려 주신 것입니다. 제행무상, 제법무아, 일체개고. 이 세 가지 법의 근본 성품을 깨우치면 영원하고 완전한 참다운 행복에 다다를 수 있음을 설파하셨습니다. 이 세상 그 무엇보다도 빠르고 안전하고 확실한 행복을 얻는 길을 우리는 얼마나 믿고 실천하고 있는지요.

93
회향

'회향'이란 단어는 다른 종교에는 없는, 불교에만 있는 아름다운 단어입니다. 회향이란 수행이나 기도 기간에 지은 공덕을 혼자 누리는 것이 아니라, 나와 인연 있는 모든 생명체에 나누어 주는 것을 말합니다.

무릇 살아 있는 것은 다 행복을 원합니다. 내가 행복을 원하면 다른 이도 행복을 원하고 모든 생명체가 행복을 원하지요. 비록 출발은 내 행복을 위해서지만 그 행복을 같이 나누는 것, 그것이 회향입니다.

94
유산

물질이란 인간의 생활을 풍요롭게 하지만 사람을 타락시키는 원흉이 되기도 합니다. 그 원흉을 자녀에게 물려주기 위해 갖가지 방법을 동원한다는 것은 참으로 어리석은 행위입니다.
부처님께서는 『중아함』「법사경」에서 "너희들은 법의 상속자가 되어라. 재물의 상속자가 되어서는 안 된다. 나는 너희들을 연민하기 때문에 나의 제자들이 법의 상속자가 되고 재물의 상속자가 되지 않기를 바란다."라고 말씀하셨습니다. 법은 부처님의 가르침, 진리를 말합니다. 그것이야말로 참으로 완전하고 영원한 행복에 이르는 길입니다.

95

쓸모

살아오면서 더 많이 얻기 위해 배우고 익혔습니까? 아니면 익힌 것이 쓸모없음을 알아서 버렸습니까? 무엇 하나라도 배우고 익혔다면 여러분의 마음에는 또 다른 번뇌망상이 하나씩 쌓이고 있을 겁니다. 그 번뇌망상의 근원은 언젠가 여러분이 배우고 익혀서 지니고 있던 마음의 상들입니다. 익히고 아는 바조차 실체가 아님을 깨달아 하나씩 버려 가는 삶이 수행자의 삶이며, 완전하게 알아 모두 버린 상태가 부처의 모습입니다.

96
죽음

이 삶에서 죽음은 최고의 스승입니다. 우리의 욕망과 집착의 삶이 가치 없음을 보여 주는 선지식입니다. 참다운 행복이 무엇인지, 올바른 삶은 어떤 모습인지, 진정한 진리가 무엇인지를 우리에게 매 순간 가르쳐 주고 있는 것입니다.

봄의 가치는 가을과 겨울이 있기 때문에 더욱 빛을 발하지요. 이 삶의 가치는 늙고 병들고 죽음이 있기 때문일 것입니다. 이 순간, 내 삶을 바르고 충실하게 만드는 노·병·사를 스승으로, 지혜로, 도반으로 만들어 보세요.

97
윤회

육신의 삶이 나의 전부일까요? 우리의 육신은 자동차에 불과합니다. 이것을 운행하는 기사는 바로 내 영혼입니다. 그렇다면 육신은 죽지만 영혼은 죽지 않는다고 볼 수 있습니다. 영혼의 삶은 따로 존재하고, 그 영혼이 다음 생에 자신에게 필요한 육신을 갖는 것입니다. 헌 차를 폐차시키고 새 차를 사는 것, 이것이 윤회의 모습입니다.

98
무엇을 남길까

죽음은 누구에게라도 옵니다. 그러니 죽기 전에 미리 배우고 실천해 놓으면 걱정이 없지 않을까요? 그래서 생전예수재라는 것을 만들어 놓은 겁니다. 여기서 생전生前은 '살아 있을 때'를, 예수豫修는 '미리 닦다.', 재齋라는 말은 '몸과 마음을 깨끗이 하고 삼가서 부처님의 가르침을 배우고 실천한다.'를 뜻합니다.

그러면 예수재를 어떤 자세로 임해야 하고 예수재 기간에 우리는 무엇을 어떻게 실천해야 할까요?

내가 오늘 임종했다고 상상해 봅시다. 나의 영정 사진이 보이고 그 곁에 위패가 있고 음식이 차려져 있는 모습을 생각해 봅니다. 가족들이 그 앞에서 곡을 하고 있고 손님들이 찾아오고 있습니다. 영정 사진을 가만히 들여다보십시오.

여러분이 영정 사진으로 제단에 모셔져 있을 때 무

엇을 할 수 있겠습니까? 그저 바라보고 느끼기만 할 뿐입니다. 저승에는 평생 마음에 기억해 놓은 바를 가져가게 됩니다. 오직 마음만 가져가는데 원망과 미움, 질투와 화, 슬픔이 가득하다면 얼마나 어리석습니까? 평생 행복을 위해서 살았는데 이런 것들만 가져갑니다. 슬퍼하면서까지, 화를 내면서까지, 미워하면서까지 얻으려고 한 대상 중 그 어떤 것도 가져가지 못합니다. 얼마나 어리석습니까?

사는 동안, 과연 마음에 어떤 기억과 흔적을 남기고 어떤 흔적을 가져갈지 곰곰이 생각해 보십시오. 즐거움과 행복, 자비심의 흔적을 남기기 위해 지금의 삶을 살아간다면 걱정이 없을 겁니다. 그 마음에 따라서 다음 생이 결정되기 때문입니다.

99
가치

여러분은 한 해의 생명을 무엇과 교환하셨는지요? 건물이나 토지 혹은 아파트와 교환하셨는지요? 아니면 매일의 일상사와 교환하셨나요? 혹시 욕망과 집착에 눈멀어 미래에 고통을 안겨 줄 업장을 만들지는 않으셨는지요? 그렇다면 어떻게 살아야 보다 가치 있게 1년의 생명을 쓸 수 있을까요?

첫째는 무상한 육신의 부귀영화를 위해서가 아니라 영원히 변치 않는 완전한 행복인 참나를 위해서 생명을 쓰는 것입니다. 참나를 위해 쓰는 삶이란 육신의 즐거움과 집착을 버리고 내 몸과 내가 지닌 모든 것을 이용해서 주위의 다른 생명체의 행복을 위해 최대한 노력하는 삶입니다. 이것이 공덕을 만들고 이 공덕이 미래에 보다 나은 행복을 가져다줍니다.

둘째로는, 이 육신은 무상하여 아무리 아끼고 보존하려고 해도 언젠가는 죽음에 이른다는 점을 마음

깊이 새기는 삶입니다. 우리 중생들이 이 삶(육신)에 집착하는 것은 육신을 이용하여 더 나은 행복을 만들어 갈 수 있기 때문입니다. 그래서 중생들이 육신에 집착하여 육신이 보다 즐겁고 안락하고 편안한 상태를 행복이자 이 삶의 목적으로 착각하게 되는 것이죠. 우리들 삶의 근본 목적은 육신을 이용한 삶의 경험을 통해, 보다 완전한 참행복을 찾아가는 지혜를 얻는 것입니다. 이 삶 속에서 지혜를 얻고 부족하거나 잘못된 부분을 검토하여 그 경험을 통해 다음 생에서 고쳐 나가게 됩니다. 이것이 생사윤회의 모습이지요. 이 윤회의 궁극적인 목적지가 완전한 행복이고, 깨달음과 해탈이며 참나를 완전하게 체득하는 일입니다. 여러분은 지난 1년 동안 얼마만큼 참나에 가까이 가셨는지요?

100
부처님오신날의 의미

본래 부처님은 오고 감, 생멸이 없습니다. 그래서 열반이고 해탈입니다. 부처님뿐 아니라 모든 생명체, 나아가 모든 삼라만상은 텅 비어 실체가 없으며, 태어남도 멸함도 없으며, 더러움도 깨끗함도 없고, 늘어나고 줄어듦도 없고, 생사도 열반도 없다고 하셨습니다.

이러할진대 누가, 무엇이 태어나고 죽는단 말입니까! 부처님 진리에 비추어 보면 생로병사生老病死 성주괴공成住壞空은 단지 진여자성인 참나에 비친 전도망상顚倒妄想에 불과합니다.

그렇다면 부처님오신날의 의미는 무엇일까요? 그것은 지금 우리가 공통으로 가지고 느끼는 참나에 비친 업식, 즉 공업共業입니다. 이 시대, 지구상의 모든 사람들이 부처님이 음력 4월 8일에 탄생하셨다고 알고 있을까요? 아닙니다. 부처님의 탄생일을 문헌이나 언어로 보고 듣고 배워서 알게 된 사람들만이 알고 있습니다. 그것도 지역에 따라, 배운 내용에 따라 조금씩 다릅니다. 그래서 소승불교, 대승불교, 밀교에서 부처님오신날과 불기가 다르게 전해졌던 것입니다.

같은 내용을 보고 듣고 배운 사람들에게는 부처님오신날이 같을까요? 아닙니다. 지금 이 순간, 마음에 떠올리시는 분에게만 같습니다. 왜냐하면 이 모든 것은 망상이므로, 망상은 본래 실재하지 않고 자신의 마음에 떠올릴 때 있는 듯이 느껴지기 때문입니다. 부처님뿐만 아니라 존재한다 함은 무엇이든 지금 이 순간 찰나에 그 업식(망상)을 떠올려야 존재하기 때문이죠.

다시 말하면 부처님오신날은 특정한 장소와 시간을 뜻하지 않습니다. 지금 내가 부처님을 생각하면 부처님께서 오시고 부처님 생각을 잊으면 부처님은 열반하시는 것입니다. 내가 항상 부처님의 가르침을 배우고 실천하면 부처님은 항상 계시고 반대로 중생의 욕망과 집착에 눈이 어두우면 부처님은 존재하지 않습니다.

이와 같이 부처님은 단 한순간도 오고 감이 없고, 부처니 중생이니 생사니 열반이니 행복이니 불행이니 이 모든 것이 지금 이 순간 내 마음에 비친 환영임을 깨닫는 것이 부처님오신날의 의미입니다.

101

시간

과연 시간은 무엇일까요? 시간이란 누구도 멈추게 하거나 과거로 되돌리거나 더 빨리 미래로 흐르게 할 수 없는, 그 누구도 피할 수 없는 절대적인 존재인가요? 대체 시간이 무엇이기에 삼라만상의 모든 운명을 지배한단 말인가요?

결론부터 말하면 시간은 존재하지 않습니다. 절대적이지도 않습니다. 우리의 업식이 순간순간 변화되어 가는 모습이 사물을 변화시켜 마음의 거울에 비춘 현상일 뿐입니다. 업식의 변화가 주관의 의식을 변화시키고 더 나아가 이 몸은 물론 삼라만상의 사물을 변화시킵니다.

그런데 우리는 왜 절대적인 불변의 시간이 있는 듯이 느낄까요? 우리 인간의 업식이 공통으로 가지고 있는 공업 때문입니다. 만약 우리가 지구가 아닌 다른 행성에 태어날 업이 있었다면 시간의 관념은 바뀌었을 것입니다. 같은 지구상에 살고 있다 할지라도 시계가 발명되지 않았다면 시간 관념의 차이로 인해 극지방이나 적도 지방 등은 위도에 따라 하루의 길이와 계절의 길이가 서로 다를 것입니다. 같은 지구, 같은 공간에 살고 있을지라도 괴로울 때와 즐거울 때 시간의 주관적 길이는 다릅니다. 또한 식물, 곤충, 축생, 인간, 허공계 중생 등은 서로 다른 시간 체계를 가지고 있을 것입니다.

그럼에도 우리는 편의에 의해 만들어진 시간에 익숙해져서 시간은 누구에게나 같다고 생각합니다. 이 역시 우리가 벗어나야 할 미망 중 하나입니다.

102
과거

과거는 본래 없습니다. 여러분은 과거는 흘러갔다고 이야기하겠지만 과거에 행한 흔적(업식)들은 여러분의 마음속에서 끊임없이 각인되고 있지요. 이 업식을 바탕으로 매 순간 안이비설신 각 기관을 통해서 느끼고 알고 판단하고 선택하고 실천하지요. 그 흔적의 토대 위에 여러분이 원하는 미래를 매 순간 만들어 가는 겁니다. 그렇기에 과거에 내가 한 행위, 행위의 흔적을 먼저 지우지 않으면 여러분이 원하는 미래를 제대로 만들 수가 없는 것입니다.

103

지금

의상 대사의 「법성게」에 '일념즉시무량겁一念卽是無量劫, 한순간의 생각이 곧 영원'이라는 말이 나옵니다. 과거와 미래는 존재하지 않고 오직 현재의 이 순간만이 존재합니다. 지금 이 순간을 놓치지 않고 의식을 집중하면 시공간의 미망에서 벗어날 수 있습니다. 나와 너, 정신과 물질 등 상대적 관념의 미망에서 자유로울 수 있습니다. 생의 모든 비밀을 풀 열쇠가 바로 이 순간, 여기에 있습니다.

104

이미 가지고 있다

0.0001초도 과거는 존재하지 않습니다. 내가 인지하는 그 순간에 이미 그것은 과거입니다. 존재하는 것이 아니라 존재했던 환영의 기억을 내가 돌이키고 있는 것이지요. 미래도 물론 존재하지 않습니다. 아직 오지 않았기 때문입니다. 즉, 우리는 존재하지 않는 것을 끊임없이 존재하는 것인 양 여겨 집착하고 있습니다. 이것이 우리의 모습입니다. 이 실체를 안다면 집착할 것이 없습니다.

여러분이 진정으로 알아야 할 것은 결국 여러분은 구하는 바를 이미 가지고 있다는 겁니다. 마음속에 가지고 있는 것을 구태여 구하려고 노력하다 보니 고통스럽고 힘들다는 거지요. 또한 구했다고 생각하던 그 허상마저 서서히 과거로 되돌아갑니다. 사라지지요. 그러니 집착한 마음에 의해서 또다시 괴롭지요. 모든 것은 내 마음속에서 나와 다시 내 마음속으로 흘러 들어갑니다. 그런데 왜 굳이 구하려고 합니까? 마음속에 있는 것을 진정으로 이해하고 알아차리기만 하면 구하지 않아도 가져지는데 말이지요.

105
청춘

인생에 있어 봄은 언제일까요? 모두가 10대부터 20대까지를 이야기함에 주저하지 않을 것입니다. 여름은 30~40대, 가을은 50~60대, 겨울은 70대 이후쯤이지 않을까요?

봄을 좋아하듯 사람들은 모두 10대와 20대의 젊음과 청춘을 그리워하지요. 지나는 길에 만나는 청춘들이 부럽고, 청춘 같다는 이야기를 들으면 환희심이 나고, 조금이나마 청춘으로 돌아가고파 무던히도 애를 씁니다. 몸으로 안 되니 마음만이라도, 그조차 쉽지 않으니 겉모습, 스타일만이라도 따라 하고자 노력합니다. 청춘의 건강, 아름다움, 정열, 패기, 사랑 등을 그리워하는 모습일 것입니다. 그러나 곰곰이 성찰해 봅시다. 지금 이 순간, 왜 청춘의 젊음을 그리워하는지.

누구에게나 청춘 시절이 있습니다. 젊음의 모든 요

소를 지니고 그것을 바탕으로 미래의 행복을 위해 방황하고 좌절하고 갈등하고 노력하고 매진했지요. 그 결과 지금의 내가 있게 된 것입니다. 그런데 늙어서 죽음에 이르는 것이 왜 그렇게도 고통일까요? 그렇다면 더 나은 행복을 얻기 위해 매 순간 노력해 온 결과가 가장 심한 고통인 늙음과 병듦, 죽음이라는 뜻일까요?

아닙니다. 죽음이 고통인 이유는 우리가 이 육신의 삶에 집착해 죽음을 싫어하기 때문입니다. 이것은 우리 삶의 목적과 관계가 있습니다. 삶의 목표를 육신의 무병장수와 육체적 감각의 즐거움에 두는 사람이라면, 세월이 흘러 육신이 늙어 가면 삶의 목표를 점점 잃어버리게 되므로 노·병·사는 가장 큰 괴로움이 될 터입니다. 늙고 병들고 죽는 것을 멀리하려고 애쓰면 애쓸수록 고통만 더 늘어날 뿐입니다.

벗어나려는 몸부림이 오히려 집착과 악업을 만들어 죽음 후에 고통의 원인을 만듭니다.
그러나 우리의 목표가 삶의 경험을 통해 얻게 되는 지혜라면 어떨까요? 나이가 들수록 더 완전하고 많은 지혜를 사용하여 미래에 더 행복한 삶을 만들어 갈 수 있을 것입니다.

106
늘 새롭다

시절이 봄을 지나 초여름으로 가고 있습니다. 얼마 전까지만 해도 앙상한 가지에 작은 새싹들이 움트고 있었는데 어느 순간 무성한 신록으로 가득합니다.

이즈음, 주위를 둘러보면 모든 것이 순간순간 쉼 없이 변화해 가는 것을 느낄 수 있습니다. 계절이 변하고 초목이 변하고 도시가 변하고 이 몸이 변해 가고 있습니다. 시간과 공간이 변화해 갑니다. 그런데 우리 불자님들은 얼마만큼 변화를 느끼며 살아가시나요? 혹 똑같은 일상과 환경에 지치지는 않는지요? 아침에 일어나서 저녁에 잠자리에 들 때까지 같은 일, 같은 사람, 같은 공간, 같은 근심과 걱정, 같은 일상사의 반복입니다. 특별함과 새로움보다는 평범함과 타성으로 물들게 하고 무료함과 귀찮음으로 무기력하게 합니다.

특별함과 평범함, 신선함과 무료함. 이들의 차이는 무엇일까요? 무엇이 같고 무엇이 다를까요? 같은 것은 이들 모두가 마음의 작용이라는 점입니다. 즉, 내 마음의 느낌이라는 거죠. 다른 것은 내 업식의 분별심입니다. 즉, 마음의 변화, 마음의 열림 정도에 따라 다르게 느껴지는 것입니다.

내 마음이 정화되어 열리면 열릴수록 이 삶은 경이로움으로 가득 찹니다. 순간순간 기적이요, 환희로움입니다. 그러나 나 자신이 업식에 뒤덮여 그 마음으로 세상을 보면 무료한 일상이 가득하죠. 이는 밖의 대상이 구태의연하고 무료해서가 아니라, 자기 업식의 고정관념이 정화되지 않았기 때문입니다.

부처님께서는 중생들에게 진리의 세 가지 근본 모습인 삼법인을 말씀하셨습니다. 제행무상, 제법무아, 일체개고. 그중에서 제행무상이란 존재하는 모든 것은 영원하지 않고, 순간순간 끊임없이 변해 가므로 집착할 것이 못 된다는 의미입니다. 우리 중생들은 어리석어 영원히 변하지 않는 데에 집착하지만, 다른 한편으로 자신의 업식을 완전히 비우면 온 세상 두두물물이 순간순간 경이로움과 생명력으로 가득 차 있음을 설파한 것이 제행무상의 진리입니다.

여러분, 하루 중 얼마만큼의 새로움을 경험하고 계십니까?

107

자연처럼

자연은 순간순간 최선을 다합니다. 과거의 허상에 집착해 생을 소비하지 않습니다. 미래의 허상에 빠져 생을 탕진하지도 않습니다. 주어진 모습 그대로 현재 이 순간에 모든 노력을 기울일 뿐입니다.

108
하나로 돌아가다

부처님의 가르침 중 회향을 크게 세 가지로 볼 수 있습니다. 첫째가 보리회향입니다. 내가 실천하고 얻을 공덕을 내가 깨닫는 곳에 회향하는 것입니다. 언젠가 진리를 깨쳐서 모든 중생들을 완전하고 영원한 행복으로 이끌겠다는 그것이 회향입니다. 다른 말로 발보리심이라고 합니다. 보리심, 깨달음을 얻으려고 하는 목적이 나만의 행복을 위해서가 아니라 우주에 존재하는 모든 생명체가 다 같이 행복하기를 바라는 마음에서지요.

둘째는 중생회향인데, 내가 지어 놓은 공덕으로 인해 내가 행복해질 공덕을 나뿐 아니라 원하는 많은 중생에게 나누어 주는 것입니다. 그들이 비록 지혜를 구하지 않고 물질적인 욕망을 구하더라도 그들을 만족시켜 지혜의 길로 이끌기 위함입니다.

셋째는 실상회향인데, 보리회향과 중생회향을 합친

것과 같습니다. 모든 공덕과 회향은 내가 이 환영의 세계에서 벗어남을 뜻하고, 더 나아가 모든 생명체가 윤회계의 고통에서 벗어나 이 환영의 세계에서 벗어남을 뜻합니다. 그러한 목적으로 하는 회향을 실상회향이라고 합니다.

나의 행동, 생각, 말을 누군가의 행복을 위해, 더 나아가 우주에 있는 모든 생명체를 위해 회향하는 것이 부처님께 다가가는 방법입니다. 우리가 행하는 모든 것(신·구·의)을 부처님께 회향하고 진리에 회향하고 중생에게 회향한다면 그것은 부처님께 다가가는 세 가지 비밀스러운 가르침이요, 행위가 되는 것입니다. 이를 부처님께 다가가는 비밀스러운 방법이라고 해서, 밀密이라는 단어를 써 삼밀회향이라고 부르지요.

또 작게는 육근六根을 회향합니다. 안근眼根, 눈을

회향합니다. 내가 아름다운 것을 봤을 때 갖는 느낌을 나뿐 아니라 모든 중생이 느끼기를 바라는 것입니다. 내가 추악하고 고통스러운 것을 보았을 때는 이 우주에 있는 모든 생명체가 그러한 고통을 느끼지 않기를 바라는 것입니다. 추하고 힘들고 고통스러운 것을 봄으로써 반성하고 참회했다면 그 지혜를 회향하는 것입니다. 이것이 안근의 회향입니다.

그리고 이근耳根을 회향합니다. 내가 음악을 듣고 행복해졌으면 모든 중생의 귀가 행복하고 즐거운 소리를 듣기를 바라고 그 행복함을 회향합니다. 또 소음을 들음으로써 불편하고 고통스러웠다면 중생들이 항상 즐거운 소리를 듣길 바라고 고통스러운 소리를 듣지 않기를 바라며 회향합니다. 그럼으로써 얻어진 지혜를 회향합니다.

마찬가지로 비근鼻根, 설근舌根과 신근身根을 회향합

니다. 마지막으로 그 모든 중심에 처해 있는 우리의 의식, 즉 의근意根을 회향합니다. 이것이 육근의 회향입니다.

또한 이 몸을 회향합니다. 뇌사 시의 장기 기증 등이 이에 해당됩니다. 티베트 승려들의 장례를 보면 시신의 몸을 뼈와 살로 구분합니다. 살은 찢어서 독수리나 짐승에게 줍니다. 그것을 조장鳥葬이라 하지요. 뼈는 빻아서 가루로 만들어 뿌리기도 하고 진흙과 섞어 불상을 만들어 모시기도 합니다. 큰스님들의 경우 화장을 하기도 합니다. 화장의 목적은 단순히 태워 없애는 것이 아니라 냄새로 음식을 먹는 허공계 중생들에게 공양을 올리는 것입니다. 이 얼마나 아름답습니까? 이 역시 회향입니다.

그럼 우리는 왜 회향을 해야 할까요? 바로 회향하는 자신을 위해서입니다. 내가 행복하기 위해 다른 이에게 마음을 베풀고, 내가 행복하기 위해 다른 이에게 행복을 나누어 주는 것입니다. 종국에는 회향할 것도 없습니다. 회향할 물건도 없고 회향을 받는 대상도 없습니다. 하나로 돌아갑니다.

나의 행동, 생각, 말을
누군가의 행복을 위해,
더 나아가 우주에 있는
모든 생명체를 위해 회향하는 것이
부처님께 다가가는 방법입니다.

구하지 않는 삶의 즐거움

초판 1쇄 발행_ 2017년 11월 30일
초판 3쇄 발행_ 2018년 4월 23일

글쓴이 목종
펴낸이 오세룡
기획 · 편집 이연희, 정선경, 박성화, 손미숙, 최상애
취재 · 기획 최은영, 권미리
디자인 정해진(onmypaper)
　　　　　고혜정, 김효선, 장혜정
일러스트 필몽(reell76@naver.com)
홍보 · 마케팅 이주하
펴낸 곳 담앤북스
　　　　　서울특별시 종로구 사직로8길 34 (내수동) 경희궁의 아침 3단지 926호
　　　　　대표전화 02) 765-1251 전송 02) 764-1251
　　　　　전자우편 damnbooks@hanmail.net
　　　　　출판등록 제300-2011-115호

ISBN 979-11-6201-017-4 (03220)

이 책은 저작권 법에 따라 보호받는 저작물이므로 무단 전재와 복제를 금합니다.
이 책 내용의 전부 또는 일부를 이용하려면 반드시 저작권자와 담앤북스의 서면 동의를 받아야 합니다.

이 도서의 국립중앙도서관 출판예정도서목록(CIP)은 서지정보유통지원시스템 홈페이지(http://seoji.nl.go.kr)와
국가자료공동목록시스템(http://www.nl.go.kr/kolisnet)에서 이용하실 수 있습니다.
(CIP제어번호: CIP2017029108)

정가 15,000원